Wahr muss es sein, sonst könnte ich es nicht erzählen

Das Buch

Tilman Spengler nimmt uns mit auf seinen Streifzug durch die Weltliteratur. Er präsentiert große Autoren und beharrlich unsterbliche Werke. So erhalten wir Antworten auf alte und neue Fragen: Wie gelang es Thomas Mann, einen Steppenwolf zu zähmen? Warum verkörpert *Don Quijote von der Mancha* eine ganze Epoche? Und warum war der 16. Juni 1904, der *Bloomsday*, für James Joyce so wichtig?

In Tilman Spenglers Reisetasche für Literaturinteressierte werden Autoren von Sophokles bis Kafka, von Dostojewski bis Montaigne und von Emily Brontë bis Graham Greene vorgestellt.

Das Buch basiert auf der Fernsehsendung »Klassiker der Weltliteratur«, die im *Bayerischen Rundfunk* ausgestrahlt wird.

Der Autor

Tilman Spengler, 1947 geboren, ist promovierter Soziologe und hat am Max-Planck-Institut für Sozialwissenschaften sowie an der Chinesischen Akademie der Wissenschaften geforscht. Er war 30 Jahre lang einer der Herausgeber des *Kursbuch* und ist Autor mehrerer Romane (u. a. *Lenins Hirn*, *Der Maler von Peking*). Für das Fernsehen drehte er eine Reihe von Dokumentarfilmen (*Leonora Carrington*, *Bitterer Balkan*). Tilman Spengler lebt in Ambach und Berlin.

Von Tilman Spengler ist in unserem Hause bereits erschienen:

Sind Sie öfter hier? Von der Kunst, ein kluges Gespräch zu führen

Tilman Spengler

Wahr muss es sein, sonst könnte ich es nicht erzählen

30 Glücksfälle der Weltliteratur

List Taschenbuch

Besuchen Sie uns im Internet:
www.list-taschenbuch.de

Ungekürzte Ausgabe im List Taschenbuch
List ist ein Verlag der Ullstein Buchverlage GmbH, Berlin.
1. Auflage Oktober 2012
© Ullstein Buchverlage GmbH, Berlin 2011 / Ullstein Verlag
Lektorat: Uta Rüenauver
Umschlaggestaltung: bürosüd° GmbH München, nach einer Vorlage von
Rudolf Linn, Köln
Titelabbildung: © Michael Sowa
Satz: Leingärtner, Nabburg
Gesetzt aus der Bembo
Papier: Munkenprint von Arctic Paper Munkedals AB, Schweden
Druck und Bindearbeiten: CPI – Clausen & Bosse, Leck
Printed in Germany
ISBN 978-3-548-61128-0

Für Axel und Friede und Ingo und Josef und Joseph und Josi und Harald und Karl und Monika und Reiner und Sten und Ursel und Alfons und Jörg, um die kleine Gemeinde einmal persönlich zu begrüßen.

INHALT

VORWORT

13

MIGUEL DE CERVANTES (1547–1616)
Don Quijote von der Mancha (Teil I 1605, Teil II 1615)

19

EMILY BRONTË (1818–1848)
Sturmhöhe (1847)

27

RAINER MARIA RILKE (1875–1926)
Die Aufzeichnungen des Malte Laurids Brigge (1910)

36

VIRGINIA WOOLF (1881–1941)
Mrs. Dalloway (1925)

45

JONATHAN SWIFT (1667–1745)
Gullivers Reisen (1726)

53

MOLIÈRE (1622–1673)
Der eingebildete Kranke (1673)
62

ARTHUR SCHNITZLER (1862–1931)
Sterben (1894) · Leutnant Gustl (1900) · Reigen (1900)
70

ÉMILE ZOLA (1840–1902)
Die Rougon-Macquart (1871–1893)
79

LEW TOLSTOI (1828–1910)
Kindheit und Jugend (1852)
Krieg und Frieden (1868–1869)
Anna Karenina (1877)
88

MARCEL PROUST (1871–1922)
Auf der Suche nach der verlorenen Zeit (1913–1927)
96

HERMAN MELVILLE (1819–1891)
Moby Dick (1851) · Bartleby der Schreiber (1853)
105

NIKOLAI GOGOL (1809–1852)
Der Revisor (1836) · Die toten Seelen (1842)
113

THEODOR FONTANE (1819–1898)
Effi Briest (1894/1895)
121

WOLFRAM VON ESCHENBACH (UM 1170–UM 1220)
Parzival (1200–1210)
130

DANTE ALIGHIERI (1265–1321)
Die Göttliche Komödie
(entstanden 1307–1321, erschienen 1472)
138

SOPHOKLES (UM 497/496–406/405 V. CHR.)
Antigone (442)
146

JOHANN WOLFGANG GOETHE (1749–1832)
Die Leiden des jungen Werther (1774) · Novelle (1828)
154

BETTINE VON ARNIM (1785–1859)
Goethes Briefwechsel mit einem Kinde (1835)
163

FRANZ KAFKA (1883–1924)
Die Verwandlung (1915) · Der Prozess (1925)
Das Schloss (1926)
172

FJODOR DOSTOJEWSKI (1821–1881)
Arme Leute (1846) · Schuld und Sühne/Verbrechen
und Strafe (1866)
181

GRAHAM GREENE (1904–1991)
Die Kraft und die Herrlichkeit (1940)
Der dritte Mann (1949)
Unser Mann in Havanna (1958)
189

OSCAR WILDE (1854–1900)
Das Bildnis des Dorian Gray (1890)
Ernst sein ist alles (1895)
197

THOMAS MANN (1875–1955)
Buddenbrooks (1901) · Betrachtungen eines Unpolitischen (1918) · Doktor Faustus (1947)
206

MICHEL DE MONTAIGNE (1533–1592)
Essais (1580)
215

ANTON TSCHECHOW (1860–1904)
Die Möwe (1895)
223

LUIGI PIRANDELLO (1867–1936)
Sechs Personen suchen einen Autor (1921)
Einer, keiner, hunderttausend (1926)
232

ALBERT CAMUS (1913–1960)
Die Pest (1947)
241

OSKAR MARIA GRAF (1894–1967)
Wir sind Gefangene (1927) · Das Leben meiner Mutter
(1940)
249

JAMES JOYCE (1882–1941)
Dubliner (1914) · Ulysses (1922)
258

WILLIAM FAULKNER (1897–1962)
Schall und Wahn (1929) · Licht im August (1932)
266

REGISTER
275

VORWORT

Es kann, es muss aber nicht so gewesen sein, dass der
große griechische Dichter Aischylos von einer Schildkröte erschlagen wurde. Klar, die Geschichte ist über-
zeugend nacherzählt worden. Aischylos, der große Dramatiker, der uns *Die Perser*, die *Orestie* und viele Stücke
mehr schenkte, dieser Aischylos wandert, so will es diese
Geschichte, eines schönen Tages durch den Wald und
gelangt zu einer Lichtung. Über ihm kreist ein Adler,
der eine Schildkröte in seinen Fängen hält. Es ist ein
alter Vogel, fast so alt wie Aischylos, die Gicht hat bereits
von ihm Besitz ergriffen. Das Hacken mit dem Schna-
bel, das Aufbrechen mit den Krallen wollen nicht mehr
so recht gelingen, auch haben die Augen an Schärfe verloren. Immerhin können sie noch, tief unten, einen hell
schimmernden Stein wahrnehmen. Einen Stein, auf den
man die Schildkröte fallen lassen kann, um deren festen
Panzer zu zerbrechen.

Es ist aber kein Stein. Es ist der kahle Schädel eines
berühmten Dichters, der bis zur Lichtung eines Waldes
gewandert ist, um dort den Göttern näher zu sein, von
denen er sich einen Einfall für ein neues Stück erhofft.
Doch die Götter haben anders entschieden. Und so beendet eine Schildkröte das Leben jenes Dichters, der
am Anfang unserer westlichen Literaturgeschichte steht.

Das war naturgemäß beileibe kein Glücks-, das war ein Unglücksfall der Weltliteratur, ganz besonders aus der Sicht des Aischylos. Der Hauch von Glück, der in dieser tragischen Geschichte steckt, liegt einzig darin, dass sie zu einer Anekdote gereift ist. Sie verbindet Unsterblichkeit mit einem uns Sterblichen nachvollziehbaren Vorfall. Wer sie kennt, wird, so funktioniert nun einmal unser Erinnerungsvermögen, bei der Erwähnung des Namens Aischylos das Werk dieses großen Künstlers stets mit dem fatalen Sturz der Schildkröte verbinden. Umgekehrt, und hier liegt die Hoffnung des Erzählers, wird dieser Leser auch beim Anblick einer jeden Teich-, Karett-, Großkopf- und ganz besonders beim Anblick einer Griechischen Schildkröte an das klassische Drama denken. Anekdoten sind, wie es Sten Nadolny einmal ausdrückte, die Eselsohren in den Werken der Kulturgeschichte.

Naturgemäß befällt engere Gemüter hier die Sorge um die historische Wahrheit. Diese Bekümmerung muss ihre Berechtigung haben, schließlich wird sie häufig genug vorgetragen. Wir halten es hier streng mit der Wahrheit *und* mit jenem klugen Bekenntnis unseres Vorerzählers des Märchens vom Hasen und dem Igel – Wilhelm Schröder leitete 1840 seinen Bericht vom Wettlauf zwischen diesen beiden Tieren mit der Versicherung ein: »Mein Großvater, von dem ich diese Geschichte habe, pflegte immer, wenn er sie erzählte, dabei zu sagen: ›Wahr muss sie doch sein, mein Junge, sonst könnte ich sie ja nicht erzählen.‹«

Jener Großvater hat damit vermutlich das Gescheiteste ausgesprochen, was je zum Thema »Dichtung und Wahrheit« vorgebracht wurde.

In den Texten, die in diesem Band versammelt sind, habe ich versucht, Neugier auf literarische Werke zu wecken, die den meisten Lesern vielleicht bekannt sind, bekannt aber eher wie die länger nicht mehr besuchten Angehörigen einer weitverzweigten Familie. Die bayerische Mundart kennt den Begriff des »Schwungburschen«. Dieser bezeichnete ursprünglich jenen Gehilfen auf dem Jahrmarkt, der die Schaukeln in Bewegung versetzt. Bei Hochzeiten auf dem Lande besteht die Aufgabe des Schwungburschen darin, Gäste zum Tanzen zu bringen, die schon lange nicht mehr aufgefordert wurden. Diese Rolle habe ich hier für die Literatur übernommen. Mit Vergnügen.

Auslöser war die freundliche Anfrage des Fernsehsenders BR-Alpha, ob ich nicht zwei Jahre lang Montagabend für Montagabend einem erinnerungswilligen Publikum ein paar Glücksfälle der Literatur ins Gedächtnis rufen möchte. Warum, das sollte ich dabei etwa beantworten, jagt ein gewisser Kapitän Ahab Moby Dick, lässt eine Madame Bovary sich zu moralisch bedenkenswerten Handlungen hinreißen, kommt Oskar Graf gut auf Bert Brecht, Thomas Mann hingegen nur zögerlich auf Else Lasker-Schüler zu sprechen und warum sind die Farben Schwarz und Weiß in *Anna Karenina* so wichtig?

Habe ich eine dieser Fragen erschöpfend beantwortet? Natürlich nicht. Ich habe noch nicht einmal alle möglichen wichtigen, vielleicht auch aktuellen Fragen gestellt. Und erst die Auswahl der präsentierten Werke – selbstverständlich, jeder Lexikonschreiber würde empört aufschreien und viele haben das bereits mit gutem Recht und aus vollem Halse getan. Das Fernsehen ist schließlich eine Verkehrsform, die nicht zufällig auch das Prädikat »interaktiv« trägt.

Im Fernsehen sind übrigens fünfzehn Minuten, die Spanne meiner erzählenden Erscheinung, eine unendlich lange Zeit. Das ist nachvollziehbar: Versuchen Sie einmal, einem Ihnen unbekannten Gesprächspartner fünfzehn Minuten lang die Besonderheiten von Schillers *Wallenstein* zu erklären, ohne dass der oder die zu einem Gegenstand greift und Sie damit rüde in Ihrem Redefluss unterbricht.

In einem merkwürdigen Gegensatz zu dieser Ungeduld steht das Verlangen des Buchfreundes nach dem Enzyklopädischen. Die Forderung nach der Freiheit von der Vollständigkeit findet hierzulande selten Anhänger. Der Ruf »*Alles* muss auf den Prüfstand« gehört nicht nur unter Politikern zu den beliebtesten Äußerungen.

Dem kann dieser Band nur eine Perlenschnur von literarischen Glücksfällen entgegenhalten. Ich stelle mir Leser vor, deren Leben heiterer oder besinnlicher wird, wenn sie sich in die Gesellschaft eines jungen Mannes versetzen, der aus dem Verzehr eines muschelförmigen Kleingebäcks eine ganze Kindheit heraufbeschwören kann. Leser, die gern dabei gewesen wären, wenn Thomas Mann einen Steppenwolf auf die Qualität von Klößchen in einer Brühe aufmerksam macht. Leser, die schon immer einmal wissen wollten, warum die Zahl Drei in Dantes Dichtung eine so bedeutende Rolle spielte, Raymond Chandler den Revolver und Don Quijote seine Dulcinea brauchten. Leser, die dies alles nicht vornehmlich über die Klaviatur einer Suchmaschine erfahren wollen.

In diesem Buch geht es nicht geordnet zu, eher wie in einem Salon, zu dem viele Gäste geladen sind, sehr berühmte und ein paar, über die man nur noch seltener spricht. Manche sind auch abwesend, es darf aber über sie geredet werden. Einige kommen ein wenig später, reden dafür etwas schneller, andere setzen voraus, dass man sie kennt, und beschränken sich auf Klatsch. Es geht keineswegs zu wie im richtigen Leben, wir sind schließlich bei Literaten.

Auf Wunsch des miesepetrigen Gastgebers wurden mehrere Theoretiker vom Geschehen ausgeschlossen. In einem Salon darf man nicht langweilen, sollte aber auch nichts Wesentliches unterschlagen. Allerdings bekommen Sie Schillers Stücke auf einer deutschen Bühne selten unter fünf Stunden vorgeführt. Sie erinnern sich auch nicht so schnell an alle Erinnerungen des Marcel Proust. Oder an jeden einzelnen Ritter der Tafelrunde. Daher setze ich fest auf eine gewisse Dankbarkeit für die haushalterische Zeit meiner literarischen Vor- und Nachreminiszenzen. Es geht eben um die

Aufgabe, um die Verantwortung des Schwungburschen. Unterstützt, wie die Götter es fügen mögen, durch den Flug einer Schildkröte.

Miguel de Cervantes (1547–1616)

Don Quijote von der Mancha (Teil I 1605, Teil II 1615)

Es gibt literarische Geschöpfe, die verkörpern eine
Epoche, einen nationalen Charakterzug, vielleicht auch
eine Sehnsucht oder etwas besonders Schrulliges. Man
denke an den faulen Oblomow, für viele Russen ein
Taschenspiegelbild ihrer Seele. Oder an Faust, die kühne Selbstprojektion der Deutschen. Oder man denke
an Don Quijote von der Mancha und seinen treuen
Diener Sancho Pansa: zwei Gestalten, die eine lang und
hager, die andere klein und rundlich, dazu zwei ärm-
liche Reittiere und selbstverständlich die Windmühlen.

Sind Don Quijote und Sancho Pansa Karikaturen?
Das sind sie gewiss auch, der Ritterroman und der
Schelmenroman – in diese beiden Kategorien können
wir den *Don Quijote* einreihen – leben von der Über-
zeichnung. Aber das soll uns später beschäftigen. An
dieser Stelle möchte ich die Aufmerksamkeit nur auf
den Umstand lenken, dass wir viel von einer anderen
Kultur lernen können, wenn wir begreifen, auf welche
besonderen Figuren, Muster, Motive sie stolz ist. Nicht
stolz in einem prahlerischen Sinne, sondern im Bewusstsein, hier etwas zugleich Außergewöhnliches und
ganz Spezifisches geschaffen zu haben. Und eine Kultur, die zwei Gestalten gleichsam zum nationalen Em-
blem befördert hat, die sich über diese Kultur lustig ma-

chen, sie selbstironisch vorführen, eine solche Kultur verdient schon deswegen unseren Respekt. Somit Hut ab vor Spanien, und ganz besonders natürlich: Hut ab vor Miguel de Cervantes.

Was wissen wir über den Schriftsteller? Fast zu viel. Denn das Leben des Miguel de Cervantes verlief kaum weniger turbulent als das der Helden seiner Romane oder Novellen. 1547 kam er auf die Welt, viertes Kind eines verarmten Landadligen, der sich als Chirurg verdingte. Cervantes studierte in Salamanca Theologie, wurde bald aber von der dortigen Polizei verfolgt und flüchtete nach Rom, wo er als Kammerdiener in die Dienste des Kardinals Giulio Acquaviva trat, an den sich sonst niemand mehr erinnern würde.

Kaum ein Jahr später schloss sich Cervantes der in Neapel stationierten spanischen Marine an, er nahm 1571 an der Schlacht von Lepanto teil, die das Abendland vor den Türken bewahren sollte. In der Schlacht trafen ihn drei Kugeln, fortan konnte er die linke Hand nicht mehr gebrauchen. Immerhin bescherte die Verletzung ihm den Ehrentitel »El Manco de Lepanto«: Einhändiger von Lepanto.

Der Krieg blieb sein Geschäft. Vier Jahre später, im Juni 1575, geriet er mit seiner Schiffsbesatzung in die Hände der Korsaren, die ihn als Sklaven nach Algier verschleppten. Er unternahm mehrere Fluchtversuche, die jedoch alle erfolglos verliefen. Erst 1580 kaufte ihn ein frommer christlicher Orden frei. Doch kaum war er wieder in der spanischen Heimat, meldete er sich erneut bei der Armee, um gegen die Portugiesen zu kämpfen.

Das alles machte aus Cervantes, der nun Mitte dreißig war, keinen wohlhabenden Mann. Also verlegte er sich zum einen auf die Schriftstellerei – zunächst auf Theaterstücke, danach auf Romane –, und zum anderen tat er, was viele verarmte Adelige seit jeher mit einem gewissen Erfolg praktizierten: Er heiratete unter seinem Stand, doch reich. Eine Bauerntochter.

Das konnte nicht gutgehen, das ging auch nicht gut. Cervantes begann eine leidenschaftliche Affäre mit einer Schauspielerin, zeugte mit ihr eine Tochter, die Ehe ging darauf in die Brüche. Der literarische Erfolg blieb, um es höflich zu sagen, hinter den Erwartungen zurück, also wechselte unser Held wieder den Beruf und wurde Steuereintreiber, allerdings kein ehrlicher, sondern einer, der die Interessen des Staates mit den eigenen verwechselte. So etwas endete auch im Spanien des ausgehenden 16. Jahrhunderts im Gefängnis.

Das war kein angenehmer Aufenthaltsort, schon deswegen, weil der damalige Strafvollzug nicht dem Gedanken der Besserung des Täters, sondern einzig dem der Sühne folgte. Dennoch fand Miguel de Cervantes im Gefängnis die Muße, den ersten Teil jenes Werkes zu schreiben, das ihn weltberühmt machen sollte: *El ingenioso Hidalgo Don Quixote de la Mancha.* Auf Deutsch erschien es zunächst unter dem Titel *Der sinnreiche Junker Don Quijote von La Mancha.*

Lesen kann die geistige Gesundheit gefährden! Das führt Cervantes an Don Quijote vor, einem dem Ritterroman verfallenen Leser, der nicht mehr zwischen Dichtung und Wahrheit unterscheiden kann. So hält er sich für einen stolzen Ritter, dem das Schicksal ein kühnes Abenteuer nach dem nächsten auferlegt. Er steigt in eine rostige Rüstung, bastelt sich einen Helm und klettert auf sein klappriges Pferd, die berühmte Rosinante.

Treu an der Seite von Don Quijote reitet der nur scheinbar naive Knappe Sancho Pansa und versucht, seinen Herrn vor schlimmerem Unheil zu bewahren. Was freilich nicht leicht ist bei einem Herrn, der eine einfache Schenke mit einer Burg verwechselt, der sich vom Wirt zum Ritter schlagen lässt, dann auf der Landstraße erbärmlich verprügelt wird und völlig abgerissen wieder nach Hause zurückkehrt. Hier erholt sich Don Quijote eher schlecht als recht, während seine letzten verbliebenen Freunde, der Pfarrer und der Barbier, die Bibliothek mit den gefährlichen Ritterromanen verbrennen.

Vergeblich, leider. Schon bald zieht der vermeintliche Ritter wieder los, wieder in Begleitung seines treuen Schildknappen Sancho Pansa, und durchstreift die heiße und staubige Provinz La Mancha auf der Suche nach neuen Abenteuern, nach großen, ruhmreichen Taten, nach finsteren Gegnern, nach Unheil stiftenden Riesen. Denen er schließlich in Gestalt von Windmühlen begegnet. Unser Held gibt seiner Mähre die Sporen und stürzt beherzt auf eine der Windmühlen zu, wird sofort von einem ihrer Flügel hochgerissen und weit hinaus auf ein Feld geschleudert.

Wieder müssen Blessuren kuriert werden, was den beiden Kämpfern die Möglichkeit verschafft, in langen, ausgedehnten Gesprächen über die Welt zu philosophieren, über das, was sie zusammenhält und immer wieder bedroht, absurde Gespräche, in denen Cervantes mit bitterem Spott zeigt, dass er nicht umsonst einmal Scholastik studiert hat. Der Gescheite in diesen Gesprächen ist naturgemäß der einfache Bauer Sancho Pansa. Sein Herr unterliegt und verstrickt sich in Theorien genauso, wie es ihm bald wieder in der Wirklichkeit widerfahren wird.

Er kämpft gegen staubumwölkte Hammelherden, die für ihn ein Soldatenheer bedeuten, liefert sich mit rotweingefüllten Schläuchen einen »blutigen« Kampf, erobert schließlich den sagenumwobenen »Helm des Mambrin«, eine Rasierschüssel, bei der man gerne an den Heiligen Gral denken darf. Meist enden diese Episoden damit, dass Don Quijote fürchterliche Prügel bezieht, und so ist es kein Wunder, dass er sich – auf Anregung seines Knappen – den Titel »Ritter von der traurigen Gestalt« verleiht. Und als solcher kehrt er schließlich, wenig ruhmreich, auf einem Ochsenkarren nach Hause zurück.

Der Erfolg dieses Meisterwerks der Weltliteratur machte Cervantes sogar kurzfristig vergleichsweise wohlhabend. Zehn Jahre später legte er einen zweiten Teil des Romans vor, in dem er der Handlung einen zusätzlichen Dreh verschaffte. Nun ist der – immer noch verarmte – Adelige Don Quijote eine literarische Berühmtheit geworden. Das erzählt jedenfalls sein Knappe. Es gäbe da ein von einem Araber verfasstes Buch, behauptet der wackere Sancho Pansa, das von den heldenmütigen Taten eines Don Quichote und seines Knappen berichte, so dass die beiden jetzt bereits auch literarische Helden seien.

Ein genialer, verschmitzter erzählerischer Kunstgriff, ein Spiegeltrick. Die vermeintliche Wirklichkeit im ersten Buch wird zu einer erzählten Wirklichkeit im zweiten Buch. Der Autor spielt mit seinem eigenen Kunstwerk, besser noch, er treibt das Spiel mit Realität und Fiktion auf die Spitze. Jener Don Quijote, der auf seinen Reisen als tapferer Ritter gegen Hammelherden und Windmühlen, gegen Weinschläuche und Riesen kämpfte, ist nun der gefeierte Held eines Romans. Wo immer er auftaucht, bewundern ihn die Menschen, die selbstverständlich alle das Buch über ihn gelesen haben und entsprechend beeindruckt vom Ritter von der traurigen Gestalt sind. Aber Don Quijote ist ein anderer geworden. War er im ersten Teil ein Mann der kühnen, wenn auch sinnlosen Tat, der keine Gefahr scheuend sich in jedes Abenteuer stürzte und aus Schaden niemals klug wurde, so ist er nun eher ein Träumer und Melancholiker, manchmal, scheint es, fast ein Skeptiker. Er akzeptiert seinen vermeintlichen Ruhm, gewiss, und er hat ja immer noch Sancho Pansa an seiner Seite, der ihn unermüdlich in seinem Irrglauben bestätigt. Doch irgendetwas ist brüchig geworden.

Das wird in jener Szene besonders deutlich, in der ihm der Knappe die für jeden Ritterroman unerlässliche Schönheit vorstellt, die bezaubernde Dulcinea. Die ist, wie könnte es anders sein, nur ein Bauerntrampel, hässlich und vulgär. Sancho Pansa fällt vor dem Mädchen auf die Knie und versucht seinem Herrn weiszumachen, dies sei nun die langersehnte Angebetete. Doch das Vorgaukeln von Illusionen funktioniert bei Don Quijote jetzt nur noch, wenn er sich mit Absicht belügt. Trotzdem versucht er, den Schein zu wahren, erweist seinerseits dem Mädchen seine Ehrerbietung, und als diese sich schreiend aus dem Staub macht, flüchtet er sich in die Illusion, Dulcinea sei zwar die wahre Dulcinea, doch durch einen bösen Zauber in diese Schreckensgestalt verwandelt worden.

Man muss eben auch verstehen, mit den eigenen Illusionen ritterlich umzugehen. Dass es in allen Belangen Illusionen waren, erkennt Don Quijote erst auf dem Sterbebett. Das tröstet ihn, und so scheidet der Ritter von der traurigen Gestalt in glücklicher Gelassenheit aus dem Leben.

Man kann den Roman *Don Quijote* als literarische Abhandlung über den tragischen Kampf der Idealisten gegen die Wirklichkeit sehen. So haben ihn die deutschen Romantiker wie Ludwig Tieck und August Wilhelm Schlegel gelesen. Man kann ihn auch als ein üppig angelegtes Sittengemälde Spaniens im 16. und 17. Jahrhundert nehmen, als Beschreibung einer kulturellen Blüte, die bereits ihren eigenen Untergang vorausahnte. Es war, erinnern wir uns, just die Zeit, als Spanien durch Großbritannien als Weltmacht abgelöst wurde. Man kann schließlich – darauf legen Literaturwissenschaftler besonderen Wert – herausarbeiten, wie hier plötzlich der moderne europäische Roman als ein Genre, eine Gattung, erfunden wurde, in der mit den eigenen Spielregeln gespielt wird.

Es führen beliebig viele Wege in die Provinz La Mancha. Aber wenn Sie, liebe Leser, demnächst wieder, wie es gute deutsche Art ist, mit dem Flugzeug in Palma de Mallorca landen und schon kurz nach Verlassen des Terminals auf Windmühlen stoßen, dann, spätestens dann wird Ihnen der Ritter von der traurigen Gestalt einfallen und Sie werden froh darüber sein, dass Sie sein Lebenswerk als Lektüre eingepackt haben.

EMILY BRONTË (1818–1848)

Sturmhöhe (1847)

Wer sich und sein Haus vor Unbill schützen will, dem
könnte ein Kranz aus Heidekraut, gewunden um den
Spiegel im Eingang, helfen. Heidekraut ist ein Abwehr-
zauber, der mit christlichen Missionaren aus Angelsach-
sen, also aus England und Irland, zu uns gelangt ist. Das
Wort »Heide«, verstanden im Sinne eines Nicht-Chris-
ten, eines Nicht-Getauften, hat nämlich dieselbe Wurzel wie jene Pflanze, wie *Calluna vulgaris* (auch Erica),
oder eben das baumlose, magere Ödland, auf dem die
Pflanze gedeiht.

Die Autorin, die uns in diesem Kapitel beschäftigt,
die 1818 geborene Emily Brontë, kannte sich mit Ödland, mit Moor und Heide bestens aus. Sie verbrachte
die allerlängste Zeit ihres kurzen dreißigjährigen Lebens
in Haworth, einer kleinen Gemeinde im heutigen West
Yorkshire in Nordengland. Der Titel des Buches, das sie
berühmt machte, gibt schon einen angemessenen Hinweis auf die meteorologische Beschaffenheit des Hand-
lungsortes: *Sturmhöhe*, im Original *Wuthering Heights*.

Emily Brontë wuchs mit ihren Geschwistern in einem
Pfarrhaus mit fünf Zimmern auf. Aus Abbildungen
wissen wir, dass es tatsächlich auf einem Hügel neben
der Kirche stand, und wenn die Abbildungen nicht über-
treiben, dann lag dieses Haus wahrhaftig wie eine kleine,

sturmgefährdete Insel in einem Meer von Heide. Aber es gibt so viele Mythen, die sich um das Leben der Familie Brontë ranken, dass man gut daran tut, auf Skepsis nicht völlig zu verzichten.

Unbestreitbar ist jedoch, dass Emily das zweitjüngste von sechs Kindern des Pfarrers Patrick Brontë und seiner Frau Mary war. Dieser Patrick Brontë, ein Ire, der ursprünglich Prunty oder Brantee hieß – und nach seinem Studium seinen Namen griechisch veredelte –, wird schon früh als ausgesprochener Exzentriker beschrieben. Sein Vater ging auch dem Beruf des Geschichtenerzählers nach, des *shanachie* in der gälischen Tradition, bei dem Geschichte und Geschichten zusammenfallen. Der Sohn, also Emilys Vater, scheint die Leidenschaft für das literarische Handwerk geerbt zu haben. Er studierte zwar Theologie, doch seine große Liebe galt dem Dichten, dem Entwerfen eigentümlich geformter Versepen. Leider wollte kein Verlag sie veröffentlichen. So brachte er sie in einer Tageszeitung unter – und schrieb unverdrossen weiter. In seinem Pfarrhaus unterhielt er eine große Bibliothek, und zu dieser – auch das heben die Chronisten als Besonderheit jenes Hauses hervor – hatten alle Kinder der Brontës freien Zugang.

Ein stiller, in sich gekehrter Pfarrhaushalt? Nicht unbedingt. Der Tag der Brontës begann mit einem Pistolenschuss. Der Herr Pfarrer hatte nämlich Angst vor Einbrechern, ging daher stets mit einer geladenen Pistole ins Bett, die er am Morgen dann abfeuerte, um sicherzugehen, dass sie noch funktionierte. Oder ist das auch nur eine Anekdote? Jedenfalls scheint das Bild, das früher von den Brontë-Geschwistern gezeichnet wurde – eine darbende, streng gehaltene Kinderschar, die sich vor dem traurigen Leben in die Literatur flüchten muss –, stark korrekturbedürftig. Und von Flucht kann im Zusammenhang mit Literatur erst recht nicht die Rede sein. Sie war der Kinder liebster Zeitvertreib.

Von den sechs Brontë-Geschwistern starben zwei noch in ihrer Jugend. Die drei Schwestern Charlotte, Anne, Emily und ihr Bruder Branwell schlossen sich umso enger zusammen. Sie bildeten schon früh eine Art literarisches Quartett, entwarfen in Gedichten und in Prosatexten Zauberreiche mit tollkühnen Bewohnern, rätselhaften Sitten, wunderbarsten Pflanzen und allem, was einer kindlichen Phantasie an Wunderlichem noch entsprießen kann.

Das begann mit kleinen musikalischen Etüden, setzte sich aber dann in Novellen und Versepen fort, auf die sich die später alle zu Ruhm gekommenen Schriftstellerinnen Anne, Charlotte und Emily Brontë zeit ihres Lebens beziehen würden. Alle vier Kinder waren künstlerisch hochbegabt, doch zu Erfolgen brachten es nur die Mädchen. Der Bub galt als ein verzogener Tunichtgut, trank viel, nahm Opium, stellte verheirateten Frauen nach und starb schließlich an Tuberkulose. Natürlich wurde er geliebt.

Ich erwähne das hier nicht, um auf den armen Kerl im Nachhinein noch einmal ein schlechtes Licht zu werfen. Ich will vielmehr andeuten, dass die soziale

Realität, die in den Büchern der Brontë-Schwestern in unterschiedlicher Deutlichkeit beschrieben ist, eine durchaus aus der Nähe erfahrene war. Besitz hatte man an Bildung, Begabung, ganz gewiss auch an Herzensgüte, doch nicht an materiellen Dingen. Das berufliche Los für Frauen lautete in der Regel: Erzieherin. Das konnte, das musste aber nicht gut ausgehen. Und gesund war das Leben in diesem stürmischen Klima auch nicht, alle Brontë-Kinder litten an der einen oder anderen Lungenkrankheit, gegen die es kein Heilmittel gab. Emily starb mit dreißig Jahren an Tuberkulose.

Auf diese Emily und ihren epochalen Roman *Sturmhöhe* wollen wir uns hier konzentrieren. Der Roman erschien erstmals 1847 in London, Emily Brontë wählte als Pseudonym den Namen Ellis Bell. Ellis ist ein Jungenname; es war für die Frauen der damaligen Zeit nicht schicklich, Romane zu veröffentlichen, daher die Verstellung, bei der nur die Anfangsbuchstaben E und B erhalten blieben.

Zum Inhalt: »Wuthering Heights« (Sturmhöhe) ist der Name eines Gutshofes im Ödland von Yorkshire, dort, wo die Winde noch übel pfeifen, im Winter der Schnee die Straßen zum Verschwinden bringt und der Hausherr allein über Glück und Unglück seiner Schutzbefohlenen entscheidet. Der Besitzer von Wuthering Heights kommt eines Tages von einem Geschäftsbesuch aus Liverpool zurück und bringt seiner Familie statt der versprochenen Geschenke ein Findelkind ins Haus, einen Knaben, den er Heathcliff getauft hat. Catherine und Hindley, die beiden leiblichen Kinder, reagieren unterschiedlich auf ihren Adoptivbruder: Catharine schließt ihn ins Herz, Hindley wird von glühender Eifersucht gepackt und stellt alles Mögliche an, dem kleinen Heathcliff das Leben zur Hölle zu machen. Die Lage spitzt sich dramatisch zu, als der Gutsherr stirbt und nur noch Catherine den Adoptivbruder schützt. So weit zum ersten Knoten der Erzählung, dem Dreieck zwischen Hindley, Catherine und Heathcliff.

Nicht sehr weit von Wuthering Heights entfernt liegt das Gehöft Thrushcross Grange, der Sitz der Familie Linton. »Thrush« heißt auf Deutsch übrigens »Drossel« – und dieses Anwesen liegt in einem zauberhaften, windgeschützten Tal. Das ist nicht der einzige Gegensatz zum Hof »Sturmhöhe«. Ist die Atmosphäre dort hitzig, aggressiv, leidenschaftlich, so geht es in Thrushcross Grange entspannt, zivilisiert, aber auch ein wenig langweilig zu.

Der junge Edgar Linton, der prospektive Erbe, lernt Catherine kennen, verliebt sich in sie, will alles unternehmen, um sie zu seiner Frau zu machen. Catherine, deren Herz eigentlich für ihren Adoptivbruder Heathcliff schlägt, wie das seine für sie, zögert einen Moment, denkt über ihre Situation, die fragwürdige Herkunft ihres Adoptivbruders nach und vertraut diese Gedanken, diese Zweifel und ihre Heiratspläne unglücklicherweise der Haushälterin an – in einem Gespräch, das Heathcliff zufällig mithört.

»Rasend vor Eifersucht«, wie es in solchen Zusammenhängen gerne heißt, macht Heathcliff sich davon, sucht sein Glück in der Ferne und wird schließlich ein reicher Mann.

Catherine erhält nie eine Nachricht von ihm. So heiratet sie den jungen Edgar Linton, obwohl sich an ihrer Liebe zu Heathcliff nichts geändert hat.

Dieser kehrt Jahre später nach Wuthering Heights zurück, um Rache zu nehmen. Rache zunächst an seinem Adoptivbruder Hindley, dem er beim Glücksspiel den Gutshof abnimmt, Rache bald darauf aber auch an den Nachbarn in Thrushcross Grange, also an Catherine und ihrem Mann Edgar. Er verführt dessen junge Schwester, schwängert sie, zwingt sie so zur Heirat. Währenddessen wird auch Catherine schwanger, doch die Auseinandersetzungen mit dem Mann, den sie einst so liebte, haben sie entkräftet; sie stirbt im Kindbett. Aber ihre Tochter, nach der Mutter Cathy genannt, überlebt und heiratet später den Sohn von Heathcliff und der Schwester ihres Vaters. Das Ende dieser Geschichte verrate ich jetzt nicht, damit der Anreiz zum Selberlesen bleibt.

Diese Konflikte, dieses Ausbrechen der Leidenschaften, das ist natürlich, wie wir heute sagen würden, »großes Kino«. Und in der Tat haben sich auch, soweit ich weiß, mindestens zwei große Filmregisseure dieses Stoffes angenommen. Zunächst William Wyler, noch Ende der dreißiger Jahre des letzten Jahrhunderts, und dann, anderthalb Jahrzehnte später, der große Luis Buñuel, der seinem Werk den Titel *Abismos de pasión*, »Abgründe der Leidenschaft« gab.

Wenn noch hundert Jahre nach dem Erscheinen eines Buches der dort ausgebreitete Stoff so viel Brisanz entwickelt, kann man sich vorstellen, wie die Reaktion Mitte des 19. Jahrhunderts ausfiel. Jawohl, die Tugendhaften waren entsetzt. Entsetzt und empört. So schrieb man nicht über Gefühle, über Leidenschaften, über das Einander-verfallen-Sein. So schrieb man schon gar nicht, wenn man eine Frau war.

Emily Brontë hatte sich, wie gesagt, ein männliches Pseudonym zugelegt – ihre beiden Schwestern übrigens ebenso –, doch diese Tarnung war nicht sehr lange aufrechtzuerhalten. Man kann sich das Verdutzen der Verleger vorstellen, als die Dame sich eines Tages als die Autorin zu erkennen gab. Bald war auch in der Presse zu lesen, dass es sich beim Verfasser von *Wuthering Heights* trotz seines so männlichen Vornamens wohl doch eher um eine Weibsperson handeln müsse. Das war alles nicht wenig prekär. Vergessen wir nicht, dass Frauen zu jener Zeit rechtlich praktisch ohne jeden Schutz dastanden, was – um hier nur ein einziges Thema zu nennen – die literarische Erörterung einer Scheidung aus Sicht der Frau zu einem sehr komplexen Manöver machte.

Der Verkaufserfolg von *Wuthering Heights* war ein mählicher, obwohl die Kritik immer mehr Gefallen an dem Werk fand und bald auch erste Übersetzungen in Fremdsprachen vorgenommen wurden. Auf Deutsch erschien der Roman erstmals 1851. Es dauerte allerdings gut fünfzig Jahre, bis die mit dem Fall befassten Literaturwissenschaftler erkannten und anerkannten, dass *Sturmhöhe* von seiner künstlerischen Konstruktion her, ganz zu schweigen von der Technik des Erzählens, eine gewaltige Neuerung darstellte.

Der Roman wird nämlich aus *zwei* Perspektiven erzählt, und er ist auch nicht chronologisch aufgebaut. Emily Brontë lässt den einen Strang der Handlung von einer Haushälterin, den anderen von dem späteren Mieter von Thrushcross Grange erzählen, eben jenem Gut, das einst Edgar Linton, dem Mann von Catherine, gehörte.

Ein Autor, in unserem Falle eine Autorin, die auf den allwissenden Erzähler verzichtet, handelt sich die Schwierigkeit ein, zwei verschiedene Erzählstile durchhalten zu müssen. Wenn sie oder er das kann, ist die Belohnung nicht unerheblich. Denn solches Erzählen ist ja immer auch ein Bewerten von Vorgängen, ein meist unerklärtes Räsonnement, in das alle möglichen Vorurteile, Vorlieben, Vorbehalte hineinschießen – eine wunderbare Gelegenheit, ein und dieselbe Handlung aus verschiedenen Blickwinkeln zu beschreiben. Wie gesagt, das ist nicht leicht: Beschreiben Sie einmal denselben Vorgang aus der Sicht einer armen Angestellten und eben eines Mannes, der es sich leisten kann, einen Gutshof zu mieten.

Es zeugt nun von der hohen Kunst der Emily Brontë, dass sie uns diese düster verstrickte Geschichte von

Heathcliff, einem Findelkind, das Rache nimmt, weil es so sehr liebt und nicht erhört wird, so vorstellt, als könnten wir uns selbst zwischen zwei Versionen entscheiden. Emily Brontë war eben eine Virtuosin auch der Rollenverteilung. Von ihrer gestrengen Schwester Charlotte ist die Charakterisierung überliefert: »Emily ist stärker als ein Mann und einfacher als ein Kind.«

Man könnte es gewiss liebenswürdiger ausdrücken, aber wenn wir den Satz als einen Ausruf der Bewunderung deuten, dann wollen wir ihm gerne zustimmen.

Rainer Maria Rilke (1875–1926)

Die Aufzeichnungen des Malte Laurids Brigge (1910)

Was hält man wohl von einem jungen Dichter, der einen Brief an seinen Verleger mit den Worten schließt: »Ich selbst spreche nicht ins Telephon … Wenn Sie aber telephonisch antworten, so kann ja der Portier die Antwort für mich annehmen.«

Man mag vielleicht denken: So ganz bei Trost kann dieser Kerl nicht sein. Oder man denkt neidvoll: So ein Selbstbewusstsein hätte ich auch gerne, vielleicht nicht immer, doch in den entscheidenden Momenten. Vielleicht aber denkt man auch: Ein Dichter muss so etwas dürfen.

Rainer Maria Rilke schrieb diesen Brief, aus dem ich gerade zitiert habe, an den Verleger des berühmten Insel Verlags, Anton Kippenberg. Er fand, dass ein Dichter, ein wahrer Künstler, durchaus das Recht, ja, die Verpflichtung hatte, die Normen seines eigenen Handelns und Auftretens selbst zu bestimmen. Einmal, weil auch die Existenzform des Künstlers Kunst war, Ausdruck und Prägung. Zum Zweiten, weil sich dem Anspruch der Kunst alle anderen Forderungen, insbesondere die Forderung nach Einhaltung gesellschaftlicher Konventionen, unterzuordnen hatten. Das Prätentiöse und das Preziöse findet man da manchmal eng beieinander, aber auch das liegt in der Natur der Sache. Zumal bei Rilke,

dem Großmeister der Lyrik in der ersten Hälfte des
20. Jahrhunderts, einem Mann, der einmal über sich,
den Dichter schrieb, seine Kraft beruhe schließlich
darauf, niemandes Sohn mehr zu sein. Und im Übrigen, das will ich schnell hinzufügen, im Übrigen hatte
Rainer Maria Rilke tadellose Manieren.

Die Wendung von der Kraft, die daraus erwachse,
»niemandes Sohn zu sein«, finden wir in dem Roman
Die Aufzeichnungen des Malte Laurids Brigge, der 1910 erschien. Rilke war damals fünfunddreißig und seit ein
paar Jahren schon als Dichter berühmt. *Die Weise von
Liebe und Tod des Cornets Christoph Rilke* hatte er geschrieben und noch ein paar andere Werke, auf die er
später eher missbilligend herabblicken sollte. Auf *Die
Aufzeichnungen des Malte Laurids Brigge* kommen wir
gleich noch ausführlicher zu sprechen. Ich möchte an
dieser Stelle zunächst die Aufmerksamkeit noch einmal
auf jenen Ausdruck »niemandes Sohn zu sein« lenken.

Den Traum, dass der eigentliche Vater nicht der wahre sei, dass vielmehr »in Wirklichkeit« ein ganz anderer,
selbstredend ein viel Größerer, womöglich Höherge-
borener der echte, wenn auch heimliche Erzeuger sei,
diesen Traum hegen viele Kinder. Selbst Goethe, der
sich ja so recht nicht beklagen konnte, hing ihm lange
nach. Im Fall des jungen Rilke aber war die Sehnsucht
nach einer quasi unbefleckten Empfängnis ganz besonders ausgeprägt, weil sein fescher, österreichischer Papa
nicht nur eine sehr klägliche, man kann schon sagen,
gescheiterte Militärkarriere hingelegt hatte – irgend-

wann landete er gar in Prag als Inspektor der Eisenbahnverwaltung.

Und was noch schlimmer war: Die Mama, Tochter aus großbürgerlichem Hause, machte auch nie einen Hehl daraus, dass sie eine Messallianz eingegangen war, dass ihr Lebensplan am Unvermögen, an der Schwäche ihres Gatten gescheitert war. Zu ihrem Unglück gehörte auch, dass die erste Tochter ein Jahr nach der Geburt gestorben war. Dem kleinen René, wie Rainer Maria damals gerufen wurde – René heißt der »Wiedergeborene« –, galt somit alle Hinwendung, alle Zärtlichkeit der Mutter, verbunden mit all den Spannungen, die eine so komplexe Familienbeziehung heraufbeschwören musste. Man muss kein Fundamentalist der Seelenlehre von Sigmund Freud sein, um hier frühes Unheil zu vermuten.

Es wurde nun dieses von der Mutter sorgsam vor all den Widrigkeiten einer ungerechten Welt abgeschirmte Kind, das lange nur Mädchenkleidung trug, mit zehn Jahren ausgerechnet auf eine Militärschule geschickt, damit es später in jenem Beruf glänzen könne, in dem der Vater so jämmerlich gescheitert war. Rainer Maria bestand die ersten Prüfungen, wechselte dann aber auf eine Handelsschule, wurde wegen einer Liebschaft der Schule verwiesen und landete schließlich wieder bei den Eltern in Prag.

Nach dem Schulabschluss begann er ein Studium, erst in der Heimatstadt, dann in München. Er belegte verschiedene Fächer, die alle auszeichnete, dass sie mit dem Militär- und mit dem Handelswesen nur im Entferntesten zu tun hatten, Kunstgeschichte zum Beispiel und Literatur. Aber das Studium verschaffte Rilke keinen Halt, setzte ihm kein Ziel, beklemmte seinen Drang nach Unabhängigkeit. Also beschloss er, Dichter zu werden. Nichts lag näher.

Eine von Rilkes ersten großen Lieben war nun – die Geschichte kann bisweilen auf Ironie nicht verzichten – die Tochter eines Generals, allerdings eines russischen: die um vierzehn Jahre ältere Luíza Gustavovna Salomé, bekannt unter dem Namen Lou Andreas-Salomé. Diese Lou Andreas-Salomé gilt mit traurigem Recht als eine der am meisten unterschätzten weiblichen intellektuellen und künstlerischen Energieträger jener Jahrzehnte an der Wende vom 19. zum 20. Jahrhundert. Sie hatte in der Schweiz Theologie studiert, hatte Friedrich Nietzsche den Kopf verdreht – oder zurechtgerückt –, hatte einen der bedeutendsten Orientalisten der Zeit geheiratet, jenen aus Batavia gebürtigen Friedrich Karl Andreas, hatte sehr früh die Bedeutung der Forschungen Sigmund Freuds und der Psychoanalyse erkannt, hatte … Doch das führt uns jetzt in einen anderen Lebenslauf.

Für Rainer Maria Rilke war diese Frau aus mehreren Gründen wichtig: Lou Andreas-Salomé verstand es, Rilke einen neuen Begriff von sich selbst und seinem Schaffen zu geben. In den Gedichten, die er zuvor veröffentlicht hatte, waren die »kronengoldenen Locken«, die sich mit »flüchtigen Federflocken« paarten, oftmals ein wenig zu hübsch, zu beliebig, sagen wir: zu niedlich vorbeigerauscht (als hätten Dekorationsmaler mit ihren Putten plötzlich die ganze Leinwand erobert).

Lou Andreas-Salomé lehrte ihn, seinen Blick und den dichterischen Ausdruck zu konzentrieren. Sie schärfte sein Verständnis für die Philosophie von Friedrich Nietzsche und auch für den von Nietzsche propagierten Typus des engagierten Künstlers, der immer auch ein unversöhnlicher Kritiker, ein Analytiker des Seins ist. Sie entwarf ihm eine Art Faustskizze der wichtigen und der unwichtigen Gedanken. (Und das machte sie auch noch, als ihre Liebesbeziehung schon längst beendet war.)

Außerdem bestärkte Lou Andreas-Salomé Rilke darin, Künstler zu sein. Sie stellte ihn in Berlin Stefan George vor, auf einer ihrer beiden gemeinsamen Russlandreisen brachte sie ihn mit Tolstoi zusammen, und jedes Mal lautete die Botschaft an den jungen Mann – Rilke ist jetzt drei-, vierundzwanzig Jahre alt –: »Du zählst jetzt dazu, du darfst an ihrem Tisch Platz nehmen.«

Und Lou Andreas-Salomé förderte Rilkes Interesse, seine Anteilnahme an den Neuerungen, die sich auf anderen Gebieten der Kunst, ganz besonders in der Malerei und in der Bildhauerei, vollzogen. Für eine Zeit zog der Dichter in die Künstlerkolonie Worpswede, in der Nähe von Bremen, heiratete dort die Bildhauerin Clara Westhoff. Doch lange hielt es Rilke nicht aus. Die gemeinsame Tochter war kaum geboren, da machte er sich auf nach Paris, in jene Stadt, in der ihn unter den Dichtern besonders Rimbaud und Verlaine, unter den bildenden Künstlern besonders Cézanne und Rodin beschäftigten und anregten.

Die ersten Jahre in Paris sind entbehrungsreich und literarisch fruchtbar erst im Rückblick. Rilkes einziger Roman, die – zu großen Teilen autobiographischen – *Aufzeichnungen des Malte Laurids Brigge,* schenkt uns ein paar Bilder aus jener Zeit in Paris, verwoben mit Erinnerungen an die Kindheit. Es ist ein Bildungsroman, wenn er auch alles sprengte, was bislang unter diesem Titel subsumiert worden war. Wir sehen den jungen Dichter in der Großstadt, »dem Moloch« Paris, beschrieben in einer expressionistisch anmutenden Sprache. Wir sehen ihn als kleinen Jungen, geborgen und unruhig in seinem Elternhaus – hier erinnert uns der Erzählton an die literarischen Melodien von Joseph Roth oder sogar Sándor Márai. Und dann ist er schließlich der Gott oder die Liebe Suchende, voller Angst und voller Sehnsucht, wie jene mittelalterlichen Troubadoure, die, wie Rilke schreibt, »nichts mehr fürchten als erhört zu sein«.

Das ästhetisch Neue, das sich in diesem Text – und auch in den zeitgleich entstandenen *Neuen Gedichten –* zeigt, ist ein künstlerischer Blick, der versucht, gleichzeitig und gleichwertig den Gegenstand und den Betrachter einer Szene zu erfassen. Ein berühmtes Beispiel dafür ist das Gedicht *Der Panther,* das die meisten noch aus dem Deutschunterricht kennen werden – wenigstens der Blick des Tieres, der »vom Vorübergehn der

Stäbe so müd geworden, dass er nichts mehr hält« ist unvergesslich. Rilke spricht hier von »Dinggedichten«, von – im wahren Wortsinn – Kunststücken, in denen Objekt und Beobachter ineinanderfallen.

Das kann so poetisch anrührend geschehen wie im *Panther*, das funktioniert aber auch in scheinbar schrecklich banalen Passagen, etwa einer Stelle in den *Aufzeichnungen des Malte Laurids Brigge*, die ich hier kurz zitieren möchte. Es geht um die Beschreibung eines Hauses, das abgerissen wurde und dessen letzte, stehen gebliebene Mauer den Betrachter mit einem fast schon metaphysischen Ekel erfüllt:

»Neben den Zimmerwänden blieb die ganze Mauer entlang noch ein schmutzig-weißer Raum, und durch diesen kroch in unsäglich widerlichen, wurmweichen, gleichsam verdauenden Bewegungen die offene, rostfleckige Rinne der Abortröhre ...«

»Wurmweiche, gleichsam verdauende Bewegungen der Abortröhre«, nein, das will man sich nicht auf der Zunge zergehen lassen, doch es gibt einen kleinen Eindruck von der ungeheuren Virtuosität, die Rilke entfalten, wie er Sprache zum Klingen, Bilder zum Leuchten bringen konnte.

Die *Aufzeichnungen* erschienen im Jahr 1910 und festigten einen Ruf, der sich bald immer mehr lyrischen Arbeiten verdankte, ganz besonders den *Duineser Elegien* und den *Sonetten an Orpheus*. Doch bevor noch ein größeres Publikum Anteil an Rilkes Werken nahm, waren die Wegbereiter der modernen Musik auf ihn aufmerksam geworden: Alban Berg, Arnold Schönberg und Franz Schreker zum Beispiel hatten schon seine frühen Gedichte bald nach ihrem Erscheinen vertont. Auch für diese Komponisten war Rilke einer der ihren. Ich erwähne diesen Umstand auch deshalb, weil sich unser Rilke-Bild in Deutschland so oft gewendet hat. Viele haben sich auf ihn berufen, Schwarmgeister und Existentialphilosophen, New-Life-Aspiranten und Reimeschmiede.

Es ist darüber ein Bild entstanden, das oft nur aus Pastelltönen zu bestehen scheint: Es zeigt uns den umhergetriebenen Dichter, stets auf der Suche nach oder auf der Flucht vor amourösen Verstrickungen, der Zuflucht nimmt in den Schlössern der Adeligen. Es zeigt uns den Überempfindlichen, Verzärtelten, ja, sagen wir es in den Worten Rilkes: den zu oft und zu seinem Nachteil erhörten Troubadour.

Und das Bild zeigt eben nicht den stets immens hart Arbeitenden, der bis zu seinem schmerzhaften Tod 1926 immer wieder von Krankheiten geplagt wurde, zeigt nicht den Wegbereiter großer Kollegen (»Proust«, schrieb er einmal seinem Verleger, »das ist ein neuer Name, der ist ganz besonders wichtig«). Es zeigt auch nichts von den Schwierigkeiten eines Mannes, der sich oft seiner vielen Einfälle und Assoziationen nicht erwehren konnte. Etwa wenn er sich für einen Kaschmirschal begeisterte:

»... *so, während du sie siehst, die leichthin ausgespannte*
Mitte des Kaschmirshawls, die aus dem Blumensaum
Sich schwarz erneut und klärt in ihres Rahmens Kante
Und einen neuen Raum schafft für den Raum ...«

Gewiss, gewiss, der Schal, wie es an anderer Stelle heißt,
»das schwingende Geweb«, aber: Ein großer Meister
darf das!

VIRGINIA WOOLF (1881–1941)

Mrs. Dalloway (1925)

»Eine Frau«, schrieb die englische Schriftstellerin Virginia Woolf vor mehr als neunzig Jahren, »eine Frau braucht Geld und ein eigenes Zimmer, wenn sie Literatur schreiben soll.«

Dieser Ausspruch wurde sehr bald sehr berühmt, er haftete der Autorin noch lange nach ihrem Tod im Frühjahr 1941 an wie ein kleines Fähnchen. Denn, klar, eine Frau braucht Geld und ein eigenes Zimmer, auch wenn sie keine Literatur schreiben soll; materielle Unabhängigkeit ist eine der Grundbedingungen von Emanzipation, von Selbstbestimmung. Es gibt männliche Schriftsteller, die Ähnliches auch für sich reklamieren. Nur gilt das bei Männern seit jeher als Selbstverständlichkeit.

Ein Zimmer für sich allein ist der Titel eines Essays, eines großen Aufsatzes, den Virginia Woolf 1929 veröffentlichte. Sie war damals fast fünfzig Jahre alt und seit langem das, was man eine Ikone nennt. Die alten Griechen, denen wir diesen Begriff verdanken, unterschieden zwischen einer Ikone und einem Idol, die Ikone war das Bild, das man verehrte, das Idol hingegen war das Trugbild.

Ich rufe diese Unterscheidung auch deswegen ins Gedächtnis, weil uns bei dem Namen Virginia Woolf sofort jenes berühmte Porträtfoto aus dem Jahr 1902 in den Sinn kommt, das wir dem Künstler George Charles Beresford verdanken: das Bild einer schönen jungen Frau im Halbprofil, die Linie des langen Nackens und das dem Betrachter wie eine bezaubernd aufmerksame Muschel zugewandte Ohr halb verdeckt vom zusammengebundenen Haar, ein trauriger, verständnisvoller Blick, Lippen, die Sinnlichkeit keineswegs ausschließen.

Virginia Woolf war wunderschön, war hochintelligent und war stets bedroht von Abstürzen in die tiefste Schwermut. Der letzte Anfall dieser Schwermut führte sie in den Selbstmord.

Heute erinnern sich selbst jene, die sie nicht gelesen haben, immerhin an diese Fotografie, dieses ikonenhafte »Poster« und jenen Satz: »Eine Frau braucht Geld und ein eigenes Zimmer …«.

Virginia Woolf war eine kompromisslose Intellektuelle, und sie sah sich als Erfinderin. Ihre Bücher sind nicht einfach dazu geschrieben, Geschichten auszubreiten, sie wollen den Leser vielmehr daran teilnehmen lassen, wie sich diese – oft mysteriösen – Geschichten im Hirn ihrer Schöpferin zusammenfügen. Wohlgemerkt ihrer Schöpferin, denn für Virginia Woolf galt als ausgemacht, dass es eine ganz besondere, eine spezifisch weibliche Form des Erzählens gab. Die Vertreterinnen einer feministischen Literatur verehren sie folglich als eine Wegbereiterin, sowohl in der Theorie wie in der Praxis des Schreibens –, und ein wenig wohl auch wegen ihres, sagen wir, unkonventionellen Lebensstils, über den wir später noch ein paar Worte verlieren werden.

Unkonventionell, das führt uns aber zu ihrem Schreiben. Es wird unter dem Stichwort experimentelle Literatur geführt. Machte diese Form die Schriftstellerin populär? Zu ihren Lebzeiten und bis in die siebziger Jahre des vergangenen Jahrhunderts wohl nicht. James Joyce, der berühmte Ire aus Dublin, mit dem Virginia Woolf die Lebensdaten teilte und der auf seine Art genauso ein literarischer Experimentator und Neuerer war wie sie, dieser James Joyce, ja, der war berühmt, aber er war eben auch anrüchig, verboten, exkommuniziert, alles, was man sich, geht es um öffentliche Aufmerksamkeit, nur wünschen kann.

Auch Virginia Woolf bricht Tabus, auch sie rechnet mit der Doppelmoral jener Gesellschaft ab, die wir nach ihrer Königin die »viktorianische« nennen. Aber: Das, was der Zensor gerne »Stellen« nennt, Anrüchiges eben, deftig beschrieben, sucht man in ihren Werken vergeblich. Mancher Literaturhistoriker hat darin ein heimliches, ein unbewusstes Fortwalten jener viktorianischen Moral oder Prüderie gesehen. Ich halte diese Frage für nicht besonders wichtig, gestatte mir aber den Hinweis, dass es auch in einer nicht von viktorianischen Moralvorstellungen geprägten Welt durchaus möglich ist, auf das allzu Grelle, das allzu Explizite zu verzichten.

Virginia Woolfs einflussreichste Romane wie *Mrs. Dalloway* (1925), *Die Fahrt zum Leuchtturm* (1927) oder *Orlando* (1928) waren zunächst einmal große Erfolge bei den Kritikern. Das breitere Publikum folgte erst zögerlich, dann aber beharrlich. Achtzig Jahre nach seinem Erscheinen wurde *Mrs. Dalloway* auf die Liste der fünfzig wichtigsten Romane des 20. Jahrhunderts gesetzt. Grund genug, dass wir dieses Werk ein wenig genauer betrachten:

Clarissa Dalloway, Anfang fünfzig, eine Dame der feineren Londoner Gesellschaft, blickt am Morgen eines Tages im Juni 1923 eher heiter gelassen dem Abend entgegen, an dem in ihrem Haus ein Empfang gegeben wird. Diese Empfänge finden in einer gewissen Regelmäßigkeit statt, der Gatte von Mrs. Dalloway ist Abgeordneter im Parlament. Das Haus der Dalloways gilt als ebenso vornehm wie gastfreundlich, was in diesem Fall bedeutet: Die Rolle der Gastgeberin kann sich auf das Arrangieren und Repräsentieren beschränken, die Ausführung obliegt dem Personal.

Es ist ein fast perfekter Sommertag, als Mrs. Dalloway durch den Regent's Park nach Hause spaziert, doch machen sich erste Vorboten einer Irritation, einer auch im weiteren Verlauf nie ganz genau zu verortenden Störung bemerkbar. Ein aus dem Kolonialdienst zurückgekehrter Freund aus der längst vergangenen Jugend – mehr als nur ein Freund, dürfen wir vermuten – macht eine überraschende Aufwartung. Der Ehemann, eben jener Parlamentsabgeordnete, sagt das geplante Mittagessen ab. Die Erzieherin der Tochter ärgert durch ihre plumpe religiöse Unbedarftheit.

Das sind alles Kleinigkeiten, Petitessen, Nadelstiche, gewiss. Doch jeder dieser vermeintlich unbedeutenden Stiche verdirbt nicht nur die Laune, sondern setzt Erinnerungen in Bewegung, Erinnerungen oder, wie Literaturwissenschaftler gerne sagen, Ströme des Bewusstseins: Wie wäre das Leben der Clarissa Dalloway verlaufen, wenn sie damals, statt den künftigen Parlamentsabgeordneten zu erhören, ihrer Liebe zu dem nun unerwartet wieder aufgetauchten Kolonialoffizier vertraut hätte? Warum muss sie sich mit so bigotten Erzieherinnen abfinden wie jener Miss Kilman, die ihre Tochter im Geist eines katechistischen Schwachsinns gefangen hält? Warum bewegt sie sich selbst seit Jahrzehnten in einer Gesellschaft, deren Korsettstangen aus albernen Konventionen und hüstelnden Gesten bestehen?

Diese Fragen schleppt Mrs. Dalloway als unsichtbares Gepäck bis in die jetzt mit Grauen erwartete Abendgesellschaft. Hier nimmt ein unerbittliches Geschehen seinen weiteren Lauf, von dessen Unaufhaltsamkeit die zu jeder Stunde pünktlich schlagende Uhr des Big Ben kündet – ursprünglich sollte der Roman daher auch den Titel *The Hours* (»Die Stunden«) tragen. Ganz spät in der Nacht, der Empfang ist noch nicht vorbei, erfährt Mrs. Dalloway dann vom Selbstmord eines Freundes, dessen Geist, dessen Vorstellungswelt sich nicht von dem Grauen des Ersten Weltkriegs hatte lösen können.

Das klingt zunächst einmal ein bisschen nach *Frauen am Rande des Nervenzusammenbruchs*, wie ein Film von Pedro Almodóvar heißt, das könnte – in Teilen – aber auch ganz konventionell nach dem makaberen Plot einer englischen Gesellschaftskomödie gestrickt sein, die, wer weiß, aus der Feder von Oscar Wilde, Evelyn

Waugh oder Noel Coward stammt. Und Virginia Woolf hat ein so scharfes Ohr für jenes seichte Geplätscher, das oft mit Konversation verwechselt wird, dass sie das ganze Geschehen problemlos auch auf der Ebene der Satire, des witzigen Boulevards hätte abhandeln können.

Aber, wir haben bereits davon geredet, Virginia Woolf nahm ihre Kunst auf eine ganz besondere Weise ernst. Für sie war Kunst ein Programm der ästhetischen Aufklärung, und damit zielt man nun einmal nicht auf das glückliche Glucksen im Publikum. Ästhetische Aufklärung? Das muss ich jetzt mit ein paar Sätzen erläutern und daher die Aufmerksamkeit auf die Zeit um den Ersten Weltkrieg und eine Gruppe von Künstlern lenken.

Virginia Woolf war eine geborene Stephen, Tochter eines nicht unvermögenden Historikers und einer Mutter, die den berühmtesten Malern der Präraffaeliten Modell gestanden hatte. Diese Maler verstanden sich als eine Gruppe von »unakademischen«, »ungekünstelten« Künstlern, die ihre Vorbilder in einer mittelalterlichen Direktheit des Ausdrucks suchten. (Kunsthistoriker mögen mir diese grobe Charakterisierung verzeihen.)

Wichtig für unseren Zusammenhang ist, dass auch Virginia Woolf ihre Kunst in einem Rahmen begriff, der die Malerei als Ausdrucksmittel durchaus einbezog. Nicht nur die Malerei, die Schriftstellerin zielte auf eine durchgreifend ästhetische Gestaltung des Lebens. Der Gegner war das Schnöde, war auch das Materialistische, war ganz besonders das pompös Nationalistische.

»Ich schreibe weiß Gott nicht«, sagte Virginia Woolf einmal sinngemäß, »um dem Britischen Empire einen Dienst zu erweisen.«

Seelenverwandte Künstler trafen sich seit etwa 1905 zunächst in einem Haus, das die Familie Stephen nach dem Tod von Virginias Vater in einem Londoner Stadtteil gekauft hatte, in Bloomsbury, dem Viertel der Universitäten, Akademien und Museen. Hier entstand eine völlig formlose, nur durch die Verwandtschaft des Geschmacks zusammengehaltene Gruppe, die unter dem Namen »Bloomsbury Group« Geschichte schreiben sollte. Zu dieser Gesellschaft gehörten Ökonomen aus Cambridge, Maler, Dichter, Sinologen, Historiker. Es vereinte sie kein gemeinsames Manifest, nur die herzliche Abneigung gegen alle Formen des Spießertums, insbesondere, wenn es mit militärischem Popanz daherkam.

Man kannte sich, man schätzte einander, man hielt sexuelle Treue für weitgehend überbewertet. Dennoch heiratete Virginia 1912 den Schriftsteller Leonard Woolf, einen unendlich anregenden Habenichts, der mit ihr zusammen bald einen Verlag aufbaute, in dem Virginias Werke, doch auch die von T. S. Eliot sowie die ersten Übersetzungen der Schriften des Dr. Sigmund Freud erschienen. Die Ehe darf man als glücklich bezeichnen, obwohl sich Virginia Woolf nach zehn Jahren der Schriftstellerin Vita Sackville-West zuwandte, der Gattin eines Diplomaten. Die Affäre währte gut acht Jahre, ohne eine der beiden Ehen ernsthaft zu gefährden.

Ich habe gerade Sigmund Freud erwähnt, auch um noch kurz das Thema Schwermut, manische Depression anzusprechen. Schon in der Familie von Virginias Vater scheint es eine Disposition zu jener Krankheit gegeben zu haben, die der deutsche Nervenarzt Emil Kraepelin als Erster beschrieben hat. Der manisch Depressive durchlebt ekstatische Visionen, hört fremde Stimmen – bei Virgina Woolf waren es oft griechische Chöre –, fällt aus einer Phase der Überaktivität in einen Zustand der Lähmung.

Bei Virgina Woolf ist wohl noch eine Verstärkung ihrer Veranlagung zur Schwermut dadurch eingetreten, dass sie in ihrer Kindheit über Jahre von ihren Stiefbrüdern sexuell missbraucht worden war. Es wurde zunächst ein Nervenarzt konsultiert, der gerade seine Stellung verloren hatte, weil die Selbstmordrate in der von ihm betreuten Anstalt doppelt so hoch war wie in vergleichbaren Institutionen. So richtig helfen konnte ihr dieser Doktor offensichtlich nicht.

Doch das Bewundernswerte an Virginia Woolf liegt nun auch darin, dass sie ihre Bewusstseinszustände, ihre übergroße Hellsichtigkeit und Dünnhäutigkeit, ihre vermeintliche Verwirrung für große Literatur nutzbar machen konnte. Bis eben zu jenem Tag Ende März 1941, als die Schatten siegten, als die Schriftstellerin sich Steine in die Manteltaschen stopfte und in den Fluss vor ihrem Haus stieg.

Jonathan Swift (1667–1745)

Gullivers Reisen (1726)

Man kann sich vorstellen, wie es zuging, im Juli 1770, im Gasthof »Zum Geist« in Straßburg, als der alte Herder – er war bereits sechsundzwanzig Jahre alt – dem jungen Goethe – der war erst einundzwanzig – erklärte, wie er am besten den süßlichen Ton, »dieses Rokoko«, aus seinen Schriften herausbekäme. »Shakespeare, lesen Sie mehr Shakespeare«, dürfte er gerufen haben, »aber was noch wichtiger ist: Lesen Sie Swift, lesen Sie die Werke von Jonathan Swift. Beschäftigen Sie sich mit diesem Mann. Das wird Sie kurieren.«

Jonathan Swift, von dem hier die Rede ist, war einer der eigensinnigsten, unbeugsamsten, am schärfsten formulierenden und gleichzeitig ein von scheinbar unendlichen Widersprüchen geprägter Schriftsteller – und nicht zuletzt war er auch noch Theologe. Geboren wurde er 1667 in Dublin. Sein irischer Vater war bei der Geburt von Jonathan bereits sieben Monate tot, seine englische Mutter schickte das Kind zu einer Amme nach England, dort blieb der Bub bis zu seinem fünften Lebensjahr. Aufgewachsen ist er dann bei Verwandten in Irland, die Mutter war derweil nach England gezogen. So lautet jedenfalls die Version, auf die sich die meisten seiner Biographen geeinigt haben.

Fest steht immerhin, dass sich sein Onkel Godwin

um die Erziehung des Neffen kümmerte. Swift erhielt eine vorzügliche Schulung im Fach Theologie am berühmten Trinity College in Dublin, kam somit in den Genuss eines erlesenen scholastischen Bildungsangebots, das ihn allerdings wenig zu kümmern schien. Jedenfalls bestand der hochintelligente junge Mann nur mit einem gehörig blauen Auge die Abschlussprüfungen.

So ganz abgewandt kann sich die Mutter von ihrem Sohn nicht haben, denn 1688 verschaffte sie ihm in England die Stelle eines Privatsekretärs bei Sir William Temple. Dieser Sir William war ein angesehener, sehr vermögender Diplomat, der sich zwanzig Jahre zuvor aus dem aktiven Dienst zurückgezogen hatte, doch immer noch sehr enge Beziehungen zum Königshaus unterhielt. Er lebte auf Moor Park, einem schlossartigen Anwesen in der Grafschaft Surrey, und beschäftigte sich mit jenen Dingen, die einen wohlhabenden ehemaligen Diplomaten üblicherweise beschäftigen: mit der Pflege seines Gartens und der Pflege seines Nachruhms.

Hier, in Moor Park, verbrachte Swift mit zwei wesentlichen Unterbrechungen die nächsten zehn Jahre. Einmal, das war 1690, reiste er nach Irland, um sich von einem wiederholten Unwohlsein zu erholen: Schwindelattacken machten ihm zu schaffen, Vorboten einer damals noch nicht identifizierbaren, unheilbaren Krankheit, die ihn später erst die geistige Gesundheit, dann das Leben kostete. Nur scheinbar erholt, und wegen einer unglücklichen Liebesaffäre mit gebrochenem

Herzen, kehrte er wenige Monate später nach Moor Park zurück.

Die zweite Unterbrechung kam vier Jahre später. Erneut zog es Swift nach Irland, diesmal um eine Pfarrstelle zu übernehmen. Doch das bescheidene Kirchenamt entsprach nun gar nicht seinen Ambitionen, von der finanziellen Ausstattung ganz zu schweigen. Glücklich folgte er der Einladung von Sir William Temple, seine alte Arbeit wieder aufzunehmen. Glücklich und nicht wenig verbittert.

Man stelle sich einen ehrgeizigen jungen Mann vor, der als Sekretär eine hinreichend gesicherte Position gefunden hat, dessen Intelligenz, Fleiß und Belesenheit ihn bei seinem Dienstherrn weitgehend unentbehrlich gemacht haben, der durch seine Stellung mit den Noblen des Königreichs einen zwar nie gleichberechtigten, doch engen Kontakt pflegen kann, der in viele Intrigen und in manchen Klatsch des Hofes eingeweiht ist – und der sich doch die immer bohrendere Frage stellt: Soll das jetzt alles gewesen sein?

Gut, da gab es die kleine Esther Johnson, von Swift liebevoll Stella genannt, Tochter eines Dieners in Moor Park, wie einige Biographen behaupten, Tochter einer Freundin der Schwester von Sir William Temple, wie andere sagen, uneheliche Tochter von Sir William Temple höchstselbst, wie wieder andere zu wissen glauben. Als Swift sie kennenlernte, in seinem ersten Jahr als Sekretär, war sie gerade acht Jahre alt. Der junge Mann übernahm ihre Erziehung, ihre Bildung und ihre Herzensbildung. Dabei kamen sich die beiden so nahe, dass die Nachwelt bis heute rätselt, ob ihr Verhältnis nicht noch heftiger war, als es die leidenschaftlichen Liebesgedichte, die Swift an das Mädchen schrieb, ohnehin schon verraten. Wir können der Sache hier nicht auf den Grund gehen, wir können nur den Hinweis geben: In Dublin liegen die beiden nebeneinander begraben.

Zurück zu dem jungen Sekretär von Sir William Temple: Selbstverständlich haderte er mit dem Schicksal, und er haderte auch mit seinem Dienstherrn, der seine vielfältigen Beziehungen nicht spielen ließ, um ihm, dem Sekretär, endlich jenseits von Moor Park einen respektablen Posten zu verschaffen. Aber dieser Sir William Temple dachte gar nicht daran, einen so gewitzten, fast unersetzlichen Angestellten aus seiner Obhut zu entlassen. So blieb Swift fürs Erste Sekretär und lenkte den Groll und Missmut über seine Situation auf ein Feld, das er schon seit längerem kultivierte: das Schreiben. Anonym, versteht sich. Doch nicht ganz so anonym, dass der Verfasser unerkannt blieb.

Das erste größere Werk, begonnen um das Jahr 1695, also nach seinem unglücklichen Jahr als Pfarrer in Irland, trug den wundersamen Titel *A Tale of a Tub*. Auf Deutsch heißt das Buch *Ein Tonnenmärchen*, eine Übersetzung, die der Leser nur versteht, wenn er weiß, dass respektlose englische Kleriker die Kanzel, von der sie in der Kirche predigten, schlicht »die Tonne« nannten.

Dieses *Tonnenmärchen* offenbart bereits alle Qualitäten, die Swift bald als Satiriker auszeichnen werden:

literarische Virtuosität, unerbittliches Räsonnement und eine tiefe Abneigung gegen alles, was wir hier einmal »den herrschenden Zeitgeist« nennen wollen. In einer Parabel vergleicht der Autor die drei Glaubensrichtungen seiner Zeit, den Katholizismus, den frömmelnden Pietismus und die Konfession der anglikanischen Kirche – und zeigt mit ungezügeltem Hauen und Stechen, wie weit sie sich von ihrem ursprünglichen Auftrag entfernt haben. Anders allerdings als in der Lessing'schen Ringparabel erfahren hier die drei Formen der Religiosität keine Gleichbehandlung. Swift verteidigt vehement den eigenen, anglikanischen Glauben, ohne dessen Schattenseiten darzustellen. Er hat sein Ziel, als Kirchenmann Karriere zu machen, nie aus den Augen verloren.

Bei der Verfolgung seiner Karrierepläne ging Swift nach dem Tod seines Gönners Sir William Temple, 1699, noch hitziger und ungestümer vor als in früheren Jahren: Er begab sich direkt zu König William III., mithin Wilhelm von Oranien, um seinen vermeintlichen Anspruch auf eine kirchliche Pfründe vorzutragen. Das war, gelinde gesagt, unklug: König William, von Hause aus Calvinist, später zähneknirschend zum anglikanischen Glauben übergetreten, stand zu jenem Zeitpunkt vor vielen Problemen. Außenpolitisch hatte er Ärger mit seinem französischen Kollegen Ludwig XIV., dem Sonnenkönig, innenpolitisch bedrängte ihn die liberale Mehrheit im Parlament. Kein günstiger Moment für einen theologischen Feuerkopf, um eine ertragreiche

Pfarrstelle einzufordern. Religion und Politik waren zu jener Zeit nun einmal sehr eng miteinander verzahnt. Die Audienz, die Seine Majestät Swift gewährte, endete nach nur wenigen Minuten. Es war das letzte Zusammentreffen der beiden.

Dass sein Schicksal aber nun doch eine Wendung zum Besseren nahm, verdankte Swift einem anderen Gönner. Der irische Lord Berkeley machte ihn nicht nur zu seinem Hausgeistlichen, sondern verschaffte ihm auch eine nicht schlecht dotierte Pfarrei in der Nähe von Dublin. Das kühlte zwar nicht den Ehrgeiz Swifts, eine noch bedeutendere Position in England zu ergattern, doch langsam begann er, sich mit seiner Lage anzufreunden. Wobei das Wort »anfreunden« hier bedeutet, dass er sich mit den Gegebenheiten seiner neuen Umgebung vertraut machte, all die Misslichkeiten zur Kenntnis nahm, die für die soziale Lage Irlands damals kennzeichnend waren –, und seine Wahrnehmungen und Erfahrungen zum Stoff für seine Satiren machte.

Nehmen wir nur eine der bekanntesten dieser damals entstandenen Schriften, ihr Titel lautet: *Ein bescheidener Vorschlag, wie man die Kinder der Armen hindern kann, ihren Eltern oder dem Lande zur Last zu liegen, und wie sie vielmehr eine Wohltat für die Öffentlichkeit werden könnten.* Swift schlägt hier in einer unendlich präzisen, logisch völlig unangreifbaren Form vor, das Problem der Armut in Irland schlicht dadurch zu lösen, dass man die Säuglinge als Braten, vielleicht auch als Exportfleisch verwendet. Er liefert gleich auch die empfehlenswertesten Rezepte zum Würzen und Pökeln dazu – und begründet seinen Vorschlag schließlich gar damit, dass durch solches Vorgehen auch die Gefahr einer katholischen Vorherrschaft in Irland am besten zu bannen sei: Katholiken hatten nun einmal die meisten Kinder.

Diese Satire erregte noch anderthalb Jahrhunderte später die Gemüter so nachdrücklich, dass, als Peter O'Toole 1984 in Dublin den Text noch einmal vortrug, die Zuschauer reihenweise das Theater verließen.

Doch Swifts satirisches, literarisches Meisterstück, das Buch, das ihm zu Weltruf verhalf, war ohne Zweifel jener Roman, der 1726 unter einem Titel veröffentlicht wurde, dem man kaum anmerkte, wie viel Brisanz das Werk enthielt: *Travels into Several Remote Nations of the World in Four Parts by Lemuel Gulliver, first a Surgeon, and then a Captain of Several Ships.* Zu Deutsch ist der Roman bekannter unter dem schlichten Titel *Gullivers Reisen.*

Es wird kaum jemanden geben, dem die Geschichte nicht vertraut ist; sie existiert ja in zahllosen Kinder- und Jugendbuchvarianten – was immer das sicherste Mittel ist, einen Stoff zu entschärfen. Auch ist das Buch seit Anfang des letzten Jahrhunderts mehr als ein Dutzend Mal verfilmt worden. Ich darf mich also auf eine kurze, erinnernde Zusammenfassung beschränken:

Lemuel Gulliver (der Nachname ist ein Wortspiel, »gullible« heißt auf Englisch »leichtgläubig«) erlebt auf vier Reisen vier – mindestens vier – unterschiedliche Formen gesellschaftlichen Zusammenlebens. Er gerät zunächst in ein Land von Zwergen, nach Liliput, dann auf eine Insel von Riesen, nach Brobdingnag. Die dritte Reise führt, besser gesagt, verschlägt Gulliver auf die fliegende Insel Laputa, deren Bewohner nur nach reinem Wissen streben, später auf die Insel Luggnagg, wo die Bewohner zu ewigem Leben verdammt sind. Die vierte Reise schließlich bringt ihn nach einer Meuterei auf seinem Schiff in das Reich der Houynhnhnms, einer edlen, aufgeklärten Pferderasse, die sich wilde Menschen, die Yahoos, als Diener halten. Hier will unser Held bleiben, doch da er selber ein Yahoo ist, muss er zurück nach England.

Gullivers Reisen beschreibt, Station für Station, die Entwicklung eines gutgläubigen Menschen zum Menschenfeind. Es ist ein prall erzählter Roman, in dem es vor Seitenhieben nur so blitzt, eine Satire auf alle Todsünden der Menschen hienieden, auf die Eitelkeit der Herrschenden, die Stumpfheit, die Verstiegenheit der Akademiker, die Raffgier der Kaufleute und und und … *Gullivers Reisen* ist überdies eine Parodie auf die romantische Reiseliteratur jener Zeit – man denke nur an *Robinson Crusoe*, jenes Werk, das sieben Jahre zuvor erschienen war.

Manche von Swifts Kritikern setzten den Helden, setzten Gulliver mit seinem Schöpfer gleich und warfen diesem abgrundtiefe Menschenverachtung vor. Das ist nur bei sehr kurzsichtigem Lesen gerechtfertigt. Denn Swift führt seinen Helden an verschieden langen Leinen. Er ist ein Schöpfer, der nicht für seine Schöpfung verantwortlich ist. Gleichzeitig ist aber wahr, dass Swift, obzwar Theologe, Schwierigkeiten hatte, die Gattung Mensch als die Krone der Schöpfung zu würdigen. Auch der Glaube an den Fortschritt war seine Sache nicht. Und so klingt in seinem Humor stets eine leise, bittere Klage über unwiederbringlich Verlorenes mit, ein betrübter Realismus, wenn man will.

Ob Herder das gemeint hatte, als er Goethe die Lektüre von Swift – »zur Heilung von Rokoko« – ans Herz legte? Wir wissen es nicht. Aber Goethe entwarf in jenen Jahren ein Trauerspiel. Sein Titel? *Stella* natürlich.

Molière (1622–1673)

Der eingebildete Kranke (1673)

Molière, der mit bürgerlichem Namen Jean-Baptiste Poquelin hieß, war der größte Lustspieldichter Frankreichs – und gewiss nicht allein Frankreichs. Er lebte von 1622 bis 1673, wurde in Paris geboren und starb auch dort. Doch dazwischen lagen lange, lange Jahre der Wanderschaft, des Tingelns durch die Provinzen, in denen sein Werk seine unverkennbare Gestalt annahm.

Wir wollen auf einem scheinbaren Umweg auf unser Ziel zusteuern, einem Umweg, der uns zunächst nach Italien, zur Commedia dell'Arte führt. Denn diese Kunstform war für Molière von größter Bedeutung.

Das europäische Theater der Vergangenheit, sagen wir, bis ins 17. Jahrhundert, kennen wir im Lauf seiner historischen Entfaltung ja in den verschiedensten Fassungen: streng religiös im christlichen Mysterienspiel vor den Toren der Kirchen oder Klöster; dagegen Mitleid und Schrecken verbreitend die an der griechischen Klassik orientierte Tragödie an den Königs- oder Fürstenhöfen, gerade in Frankreich. Und dann gab es noch das Theater für alle diejenigen, denen die Höfe verschlossen und das Mysterienspiel eine allzu schwere seelische Kost waren. Das war das Theater auf den Straßen und Marktplätzen.

Bei dieser Form denken wir zu Recht und am liebsten an Italien, schon weil es dort auf den Straßen und Plätzen am buntesten, am lautesten und am lustigsten zuging – und gewiss auch, weil ein so oft heiterer Himmel hier fast zwangsläufig zum natürlichen Verbündeten einer gelungenen Freilichtveranstaltung wurde.

Die Rede ist von der Commedia dell'Arte, den Künsten der Komödie oder, wenn man es philologisch lieber etwas strenger mag: vom Schauspiel, von seiner Dramaturgie, doch auch von seiner Aufführungspraxis als *Handwerk*. Wir sprechen von einem Theater, auf dessen Bühne seit dem späten 16. Jahrhundert Gaukler und Akrobaten, Schauspieler und Tänzer, Musikanten und Komponisten so lange miteinander wetteiferten, bis eine erkennbar neue und verbindliche Kunstform entstanden war, die spätestens im frühen 18. Jahrhundert ihren Siegeszug durch West- und Mitteleuropa antrat. Johann Wolfgang von Goethe, der sich in Theaterfragen seines »fast eisernen Magens« rühmte und mehr als nur eine Aufführung der Commedia dell'Arte sah, hatte höchstes Lob für diese Theaterform. Doch er wäre nicht unser Goethe gewesen, hätte er nach einer Vorstellung, bei der er Lachtränen vergossen hatte, nicht gleich hinzugefügt: »Niemand im guten Ruf rühmt sich, darin gewesen zu sein.«

Goethe war ein Mann des Adels. Molière dagegen stammte aus einer Familie, die dem Adel zuarbeitete – als Handwerker, als Dekorateure, als Hersteller von Wandbezügen, wenn auch auf höchstem Niveau, als

Hoflieferanten, die Räume geschmackvoll auszugestalten wussten. Unter den Pariser Handwerkern machte die höfische Kundschaft die Poquelins zu Adeligen, für den Adel blieben sie selbstverständlich Handwerker.

Für den Dramatiker Molière, für den Sohn des Pariser Tapezierers Poquelin, hatte dieses Wort »Handwerk« keinesfalls eine abwertende Bedeutung. Gut möglich sogar, dass gerade diese Herkunft seinen Blick für den idealen Bauplan, die perfekte Konstruktion eines gelungenen Theaterstücks schärfte, seinen Blick für die Grundelemente oder zentralen Figuren, wie im Schachspiel: für die Commedia-dell'Arte-Gestalt des Pantalone etwa, den reichen Kaufmann, den etwas trotteligen Vater und Ehegatten, von dem niemand versteht, woher er seine Macht bezieht, weil er doch andauernd betrogen wird; oder für den Dottore, den geschwätzigen, geldgierigen, geizigen, meist auch geilen Gelehrten; für die Zanni, die Diener. Oder für Pulcinella – bitte, verehrte Leser, Sie dürfen gerne beim Italiener Ihres Vertrauens »Schpagettis« sagen, wenn Sie sich im Italienischen versuchen wollen, doch Pulcinella bleibt ein Mann, trotz des »a« am Ende. Pulcinella ist der Urahn unseres Hanswurst, entfernt, sehr entfernt verwandt mit Arlecchino, unserem Kasperle. Und schließlich dürfen bei einer echten Komödie die stets klug zwitschernden Kammerfrauen, die wahren Drahtzieherinnen des dramatischen Geschehens, nicht fehlen.

Wie Heinrich von Kleist später das Marionettentheater analysierte, entdeckte Molière in der italieni-

schen Commedia dell'Arte wichtige, prägende Grund-
formen der szenischen Anordnung, die sich eben nicht
nur auf die noch Goethe belustigenden Hanswurstia-
den anwenden ließen. Sie ließen sich auch für, sagen
wir, die Geschichte eines Menschenfeindes, eines Mis-
anthropen, benutzen. Oder für die Geschichte eines im
doppelten Wortsinn eingebildeten Kranken. Oder eines
Betrügers namens Tartuffe. Oder eines Bürgers, der
nach der Rolle des Edelmanns strebt. Oder aber für die
Geschichte von jungen Frauen, die bei der Heirat lieber dem Diktat ihres Herzens als den Investitionsplänen
ihrer Vormundschaft folgen wollen. Oder oder oder …
Und in fast allen Stücken Molières war die Technik,
war das Handwerk ein Garant des Erfolges.

Ein Garant des Erfolges, doch beileibe nicht der einzige. Denn wo nach dem Besuch einer Commedia-
dell'Arte-Aufführung oft nur die Erinnerung an ein
unterhaltsames Spektakel blieb, an schenkelklopfendes
Vergnügen, erreichte Molière in seinen Komödien
scheinbar spielerisch eine Dimension, in der das Komische jederzeit etwas Tragisches, Verstörendes heraufbe-
schwor.

Das hängt wohl auch damit zusammen, dass in dem
Theatermann Molière, diesem hinterhältigen Zauberer, die verschiedensten Prägungen ihre Wirkung hinterlassen hatten. Neben dem künstlerischen Spieltrieb
war das – und das ist nicht nur so nebenbei zu bemer-
ken – eine sehr gründliche akademische Ausbildung,
mit das Feinste, was ein Vater seinem Sohn im damali-

gen Paris bieten konnte. Sie begann in dem von Jesuiten geleiteten Collège de Clermont und setzte sich fort bei dem berühmten Professor Pierre Gassendi, einem Brieffreund von keinem Geringeren als Galileo Galilei.

Heute kennen den Namen Gassendi meist nur noch Astronomen, weil – das hätte Molière gefallen – ein großer Krater auf dem Mond nach ihm benannt wurde. Wichtiger aber ist: Dieser Pierre Gassendi war ein akademischer Querkopf, der sich furchtlos mit allen Autoritäten anlegte, den weltlichen wie den kirchlichen, und so liegt der Schluss nicht fern, dass Molière sich auch durch ihn in einer Haltung ermutigt fand, die wir einmal höflich als unangepasst bezeichnen dürfen.

Fügen wir noch hinzu, dass zu seiner Ausbildung auch das Studium der Rechte gehörte, die Beschäftigung mit Fällen, in denen der Moral übel mitgespielt wurde, dann leuchtet uns ein, dass Molière für sein Bühnenwerk aus einem Fundus schöpfte, den man nur prall nennen kann.

Mit einer leichten Einschränkung lässt sich die biographische Deutung sogar auf die Frauenfiguren Molières anwenden: Mit einundzwanzig oder zweiundzwanzig Jahren lernte er die um wenige Jahre ältere Schauspielerin Madeleine Béjart kennen, sozusagen die Neuberin des französischen Theaters. Sie brachte ihn dazu, mit seiner Familie zu brechen und sich stattdessen ihrer Truppe anzuschließen. Zwanzig Jahre später heiratete er eine Frau – einige sagen, die jüngere Schwester, andere meinen, die Tochter der Béjart –, die es, wie

ein Biograph schrieb, »fertigbrachte, durch ihr ober-
flächliches, kokettes Wesen sein ganzes weiteres Leben
zu verbittern«.

Das mag, muss aber nicht stimmen. Molière hatte
sich zu jener Zeit genügend andere Feinde gemacht,
die ihm das Leben verbitterten.

Aber der Reihe nach: Der künftige Dichter und
Schauspieler war Anfang zwanzig, als er sich der Thea-
tergruppe mit dem klingenden Namen L'Illustre Théâtre
anschloss, einer Truppe, die bald vor dem finanziellen
Ruin stand und Paris unverzüglich verlassen musste,
um in der Provinz ihr Glück zu finden. Es wurde eine
Wanderschaft von knapp vierzehn Jahren; mal stand die
Truppe unter dem Schutz eines Herzogs, mal unter
dem eines Prinzen. Es ging quer durch Frankreich, und
L'Illustre Théâtre – Molière war inzwischen längst der
Anführer geworden – machte in dieser Zeit all die Erfahrungen, die ein Theater, wie man es heute so sagt,
»on the road« machen kann und machen muss. Wer je
Gelegenheit hat, den Film von Ariane Mnouchkine
über Molières Wanderjahre zu sehen – 1978 wurde er
in Cannes für die Goldene Palme nominiert –, sollte
nicht zögern. Er empfängt statt meiner dürren Worte
die lebhaftesten Eindrücke von diesen Wanderjahren
einer Schauspieltruppe, inszeniert von einer Theater-
macherin, die ihre Kunst vor dem großen Vorbild nicht
verstecken muss.

1661 landete die Theatergruppe wieder in Paris, in
der Hauptstadt. Die Schauspieler führten hier auf, was

am Hof gefragt war, die Kunst mit dem großen, fetten
»K«, ein Stück von Racine vermutlich … und zeigten
dann in einer Zugabe, was sie auch noch konnten:
rotzfreche Komödie, wie sie das Volk erfreut.

Der Hof war – amüsiert. Molière kriegte sein Theater. In der Hauptstadt. Im Petit-Bourbon, später im Palais-Royal. Er konnte sich voll entfalten, war erfolgreich
und stürzte somit folgerichtig und fast unausweichlich
in ein raffiniert engmaschiges Netz aus Intrigen, Ver-
leumdungen, Nachstellereien. Das hatten ihm andere,
weniger erfolgreiche oder um ihren Erfolg bangende
Künstler, Schauspieler, Prinzipale geknüpft. Sie machten
dem Neuankömmling aus der Provinz das Leben reichlich schwer. Sogar der ehrgeizige Lully, Hauskomponist
von Ludwig XIV., der ungerechterweise erst fünfzehn
Jahre nach Molières Tod an einer törichten, sich selbst
zugefügten Verletzung starb, konspirierte gegen ihn. Die
Kirche betrieb und bewirkte Molières Exkommunika-
tion. Und gerettet, getragen, bestärkt wurde er allein
von wem? Klar, von seinem Publikum.

Nehmen wir nur ein einziges Stück, um zu zeigen,
warum hier einmal der Geschmack des breiten Publikums der richtige, der grundgescheite Ratgeber war. Es
ist ein Stück, das an den gesunden Menschenverstand
appelliert und folgerichtig *Le Malade imaginaire*, *Der eingebildete Kranke* heißt. Es geht um die bitterböse Entlar-
vung des Hypochonders, des Menschen, der weiß, dass
nur er alles Leid der Welt auf sich zieht. Es geht folglich
um den Schaden, den erleiden kann, wer zu inbrünstig

an Experten, in diesem Fall an Ärzte glaubt. Und es geht auch um die Einsicht, dass es um die Sache der Aufklärung nicht schlecht bestellt ist, wenn die Rolle der Aufklärerin von einer vermeintlich Ungebildeten, von der Zofe Antoinette übernommen wird. *Der eingebildete Kranke*, uraufgeführt 1673 im Palais-Royal, ist ein Stück, das jeder, der in unserer oder irgendeiner anderen Gesellschaft über Gesundheitsreformen redet, gesehen, wenn nicht auswendig gelernt haben sollte. Präziser und zeitloser sind weder die Standesvertreter der Ärzteschaft noch ihre um Aufmerksamkeit winselnden Patienten je getroffen worden.

Wie bei allen seinen Werken wusste Molière bis in das Pianissimo des Details, von welchem Verhängnis die Rede war. Er war selbst krank, der Behandlung von Ärzten ausgesetzt, und es ging nicht um eingebildete Symptome. Was uns – und leider auch ihn – zu einer Schlusspointe führt, in der das Tragische dem Komischen die Narrenkappe absetzt. Molière stirbt während einer Vorstellung des *Eingebildeten Kranken* – natürlich in der Hauptrolle.

ARTHUR SCHNITZLER (1862–1931)

Sterben (1894) · Leutnant Gustl (1900) · Reigen (1900)

Häufig begegnen wir Schriftstellern, deren Karriere durch irgendein Unheil in Gang gesetzt wurde: früher Tod des Vaters, Ruin des Großvaters, Schulden – und welche Gestalt derlei Kalamitäten auch immer annahmen. Umso mehr freut es mich, hier von einem Schriftsteller berichten zu können, bei dem, so schreibt er in seinen Erinnerungen, die Laufbahn sehr viel glücklicher begann. Ich darf zitieren:

»Und hier gedenke ich jenes viel weiter zurückliegenden Tages, an dem die Mama mich aus dem Kinderbettchen mit dem grün-gestrickten Gitter emporhob, in ein weißes Kleid steckte und auf einen Stuhl an das Tischchen setzte, an dem mein erster Lehrer, ein Herr Frankl, mich zur ersten Lektion erwartete, mit dem Finger auf die aufgeschlagene Fibel und in gütigem Ton begann: ›Siehst du, das ist ein A.‹«

Auch so kann eine Einführung in die Literatur beginnen.

Der derart vom Schicksal Begünstigte hieß Arthur Schnitzler, er war damals fünf Jahre alt, mithin schreiben wir das Jahr 1867. Der Ort ist naturgemäß Wien, selbstverständlich Wien. Wenige Schriftsteller werden so mit einem Ort verbunden wie Schnitzler mit der österreichischen Hauptstadt, mit einem erinnerten, erträumten, bisweilen auch erdichteten Wien.

Die Zeit, in der er als Dramatiker und Novellist berühmt wurde, wird je nach Standpunkt des Betrachters Belle Époque oder Fin de Siècle genannt. 1866 hatten die Österreicher eine schmerzhafte militärische Niederlage gegen die Preußen erlitten, 1873 sollte Wien mit der 5. Weltausstellung zeigen, dass das Land wieder zu voller Blüte gekommen war. Es war eine Zeit, in der das Rollenspiel, die Demonstration, die Geste, auch das Dekor im privaten wie im öffentlichen Leben eine besondere Rolle spielten.

Der gehobene künstlerische Geschmack wurde durch den Künstler Hans Makart bestimmt. Denkt man an üppige Wandbehänge, an ausladende Kronleuchter und schimmernden Plüsch oder besser noch Doppelplüsch, dann liegt man mit dieser Vorstellung ganz richtig. Für das Bürgertum war Optimismus die Pflichtreligion. Das half nicht immer, in jenem Jahr 1873 erlebten die Wiener nämlich auch den größten Börsenkrach ihrer Geschichte. Aber das analytische Verarbeiten von Verlusten, das Nachdenken über die Brüchigkeit der verschiedenen Existenzformen setzte erst anderthalb Jahrzehnte später ein.

Arthur Schnitzlers Familie gehörte zum gehobenen jüdischen Bürgertum. Der Vater war ein berühmter Professor für Kehlkopferkrankungen, auch die Mutter stammte aus einer bekannten Arztfamilie. So lag es mehr als nahe, dass der junge Arthur eine ähnliche Karriere anstreben sollte. Klar, es hatte sich schon früh gezeigt, dass sein Herz mehr für die Literatur schlug, doch der Beruf selbst eines nicht sonderlich begabten Mediziners, so fand der Vater nicht ganz zu Unrecht, bietet in aller Regel mehr ökonomische Sicherheit als der eines hochbegabten Literaten. Und Vater Schnitzler übte einigen Druck aus, damit auch sein Sohn dieses begreife.

Schnitzler absolvierte also mehr widerwillig sein Medizinstudium, wurde 1885 promoviert, arbeitete dann als Assistent seines Vaters, später in seiner eigenen Praxis. Das erzähle ich nicht der biographischen Vollständigkeit halber, sondern weil die medizinische Tätigkeit in manchen Punkten auch den Schlüssel für Schnitzlers literarisches Denken und Arbeiten liefert.

Dabei kommt es mir ganz besonders auf zwei Aspekte an: Einmal – wir bewegen uns in der Zeit kurz vor der Wende zum 20. Jahrhundert – spielten damals sogar bei der Behandlung von an Hals, Nasen oder Ohren leidenden Patienten die Verfahren der Suggestion, mehr noch der Hypnose eine recht bedeutende Rolle. Beide Techniken haben mit dem menschlichen Bewusstsein, dem Unterbewusstsein, der Selbstbestimmung, dem freien Willen zu tun. Das wurden die zentralen literarischen und psychologischen Themen jener Jahrzehnte.

Nun war, zum Zweiten, Schnitzler aber kein Systematiker, er orientierte sich als Arzt an Fallbeispielen. Da gab es zwar verbindende Themen, doch keine Diagnose konnte je mit einer anderen übereinstimmen. So ein Umstand kommt der Literatur sehr entgegen.

Sie ahnen, liebe Leser, wohin ich Sie führen will: in die Welt der Seelenkunde. Die Biographien von Sigmund Freud und Arthur Schnitzler verlaufen ja fast parallel. Die beiden kannten und schätzten sich, lernten auch voneinander, doch Schnitzler hielt immer einen höflich vorsichtigen Abstand zur Systematik von Freud, weil ihm diese zu rigide erschien.

Nehmen wir eine der ganz frühen Novellen von Arthur Schnitzler. Sie trägt den Titel *Sterben* und erzählt von Felix und seiner Geliebten Marie. Der junge Mann erfährt, dass er wegen einer Lungenkrankheit nur noch ein Jahr zu leben hat. Marie verspricht, mit ihm gemeinsam zu sterben. Das kettet die Liebenden zunächst noch fester aneinander, doch nach und nach melden sich bei beiden immer stärkere Ansprüche auf Selbstbestimmung. Erst wird dem jungen Mann die Liebe von Marie zu beklemmend, er möchte frei sein, jetzt, wo er nur noch so kurz zu leben hat. Umgekehrt empfindet Marie gegen Ende der Erzählung ihren Treueschwur wie einen Anschlag auf ihr Leben. Schließlich stirbt Felix, während Marie von einem Arzt gerettet wird.

Ich schäme mich ein wenig für diese dürren Worte meiner Nacherzählung. Wie wenig teilt sie von der klaren, empfindsamen, wunderbar abgestimmten Sprache Schnitzlers mit. Und es geht natürlich nicht nur um die Sprache, es geht auch um einen atemberaubenden Handlungsverlauf, der einen großen Dramatiker ankündigt.

Aber noch ein Wort zur Sprache: Schnitzler benutzt in dieser Novelle ein in der deutschsprachigen Erzählkunst zuvor nur ganz selten und nie so virtuos benutztes Ausdrucksmittel – den inneren Monolog. Es ist nicht mehr der allwissende Erzähler, der uns berichtet, was in dem Protagonisten vor sich geht, sondern dieser spricht zu sich selbst, befragt sich, zweifelt, muss dabei keiner strengen Logik folgen, redet also praktisch so, wie ihm die Gedanken gerade kommen. Und merkt natürlich nicht, dass wir, die Leser, ihm beim Gang seiner Gedanken folgen.

Liebe und Tod, das sind die beiden Pole der menschlichen Existenz. Sigmund Freud, der Wissenschaftler, sprach von Eros und Thanatos, was, etwas gravitätischer ausgedrückt, dasselbe bedeutet. In solcher Freizügigkeit wie bei Schnitzler waren diese Themen auf der Bühne oder in der Literatur noch nie behandelt worden. Kein Wunder, dass das Publikum skandalisiert war, kein Wunder, dass nach Zensur, nach »geeigneten Maßnahmen« gerufen wurde. Und oft genug wurde dieser Ruf von einer geneigten Obrigkeit auch erhört.

Dafür gibt es eine Reihe von Beispielen. Ich greife hier nur zwei Werke heraus, die Novelle *Leutnant Gustl*, die im Jahr 1900 erschien, und das Theaterstück *Reigen*, das 1900 bereits im Privatdruck zirkulierte, doch erst zwanzig Jahre später in seiner vollständigen Form aufgeführt wurde.

Zunächst kurz die Geschichte der Novelle: Leutnant Gustl langweilt sich an einem Wiener Konzertabend, drängt nach dem Ende erleichtert an die Garderobe, rempelt dort aus Unachtsamkeit einen Besucher an, der ihn empört einen »dummen Buben« schimpft, ihm droht, den Offizierssäbel aus der Scheide zu ziehen, und sich tatsächlich anschickt, zur Waffe zu greifen.

Das ist ein Skandal, aber der Leutnant ist machtlos. Einmal, weil der andere körperlich stärker ist als er, zum Zweiten und viel entscheidender: Der Kerl ist ein einfacher Bäckermeister, den Leutnant Gustl aus seinem Kaffeehaus kennt, und das bedeutet, dass er nicht satisfaktionsfähig ist. Der Leutnant kann also die Kränkung, die ihm, seiner Waffe und damit dem ganzen Militär widerfahren ist, nicht wie sonst üblich durch ein Duell aus der Welt schaffen.

Also entscheidet er, sich gleich am nächsten Morgen eine Kugel in den Kopf zu schießen. In der Nacht wandert er durch den Prater, am Morgen beschließt er, sich vor dem Tod noch ein letztes Frühstück zu genehmigen. Im Kaffeehaus erfährt er dann, dass in der Nacht ein Wunder geschehen ist, ein veritables Wunder: Sein Beleidiger ist an Schlagfluss gestorben. Dieses Wunder ist, wie unser Held es ausdrückt, ein »Mordsglück« — schließlich erspart es ihm die Kugel in den eigenen Kopf.

War das österreichische Militär wegen dieser offensichtlichen Satire beleidigt? Jawohl, es tat Schnitzler den Gefallen. In einem Schnellverfahren wurde ihm

unverzüglich der Rang eines Reserveoffiziers aber-
kannt, den er sich als Militärarzt erworben hatte.

Diszipliniert hat das unseren Autor nicht. Als der
Erste Weltkrieg ausbrach und auch ganz Wien, die
meisten Intellektuellen eingeschlossen, sich vor Kriegs-
lust nicht zu halten wusste, zählten Schnitzler und sein
Freund Karl Kraus zu den wenigen Künstlern, die sich
der Massenbegeisterung verweigerten.

Ärger mit den Autoritäten hatte Schnitzler ständig,
am heftigsten nach der Uraufführung der Komödie
Reigen. Vollständig heißt der Titel: *Reigen. Zehn Dialoge*,
und in der Tat geht es um zehn Szenen oder Halbsze-
nen, um zehn Personen und um zehn Liebesakte: Eine
Dirne bezirzt einen Soldaten, der Soldat erobert das
Stubenmädchen, das Stubenmädchen wird von dem
jungen Herrn verführt, der junge Herr stellt einer verheirateten Frau nach, die verheiratete Frau gibt sich
ihrem Ehemann hin, der Ehemann vergnügt sich mit
dem süßen Mädel, das süße Mädel erliegt dem Zauber
eines Dichters, der Dichter verfällt einer Schauspielerin, die Schauspielerin erringt die Gunst eines Grafen,
der Graf landet bei der Dirne, die wir aus der ersten
Szene kennen, und der Kreis, der Reigen, hat sich geschlossen.

Dirne, Soldat, Stubenmädchen, junger Herr, verheiratete Frau, Ehemann, süßes Mädel, Dichter, Schauspielerin, Graf: Genau, das sind die zehn Personen, und sie
tragen keinen Namen. Denn sie stehen für Positionen
in der Gesellschaft, von unten nach oben und wieder

zurück. Und doch ist jede Figur ein unverwechselbares Individuum.

Ein bedeutender deutscher Germanist hat darauf hingewiesen, dass diese dramatische Form des Reigens eine große Verwandtschaft mit spätmittelalterlichen Mysterienspielen ausweist: mit dem Totentanz, oder man denke an modernere Stücke, etwa den *Jedermann* von Hugo von Hofmannsthal. Der Eros, die Sexualität, so etwa lautet die Botschaft, ist eine ebenso universale Macht wie der Tod. Und damit wären wir wieder bei den die europäische Gesellschaft um 1900 so aufschreckenden Thesen der Seelenkunde.

Zu Anfang dieses Kapitels habe ich darüber gesprochen, wie eng das literarische Schaffen von Arthur Schnitzler mit der Stadt Wien zusammenhängt. Man darf hier um Gottes willen nicht an ein Pralinenschachtel-Wien denken, an Abende beim Heurigen und gleichmütig äpfelnde Lipizzaner in der Hofreitschule. Für Schnitzler war »seine« Stadt der Nährboden für all jene kulturellen Blüten und Verfallserscheinungen, die er als Schriftsteller beschreiben, sezieren und in seinen Figuren zum Leben erwecken konnte. Dieses Erschaffen von Individualität und gleichzeitiger Allgemeingültigkeit war Teil seiner Genialität. Und Wien war dabei im lokalen Dialekt, in den nur dort anzutreffenden Figuren so genau getroffen, dass lange Zeit Bühnen in Deutschland zur Aufführung von Schnitzlers Werken stets nur Kollegen aus Österreich engagierten.

Hat es ihm die Stadt gedankt? Nun ja, später.

In den letzten Jahren vor seinem Tod, 1931, hatte sich der Antisemitismus in Wien bereits so sehr ausgebreitet, dass er ihm Stoff für seine letzten Stücke bot. In seiner Kindheit hatte er derlei Kränkungen und Hohn noch nicht erfahren, wie er in seiner Autobiographie schrieb. Es war eine behütete Kindheit, wir haben davon gesprochen. Und deswegen darf ich zum Ende die ersten zwei Zeilen des allerersten Gedichts vortragen, das der kleine Arthur im Alter von sieben Jahren nach einem Opernbesuch verfasste:

> *»Figaros Hochzeit ist vorbei –*
> *doch immer noch hört man Arthurs Geschrei.«*

Auch in der Selbstironie kann man von einem begnadeten Schriftsteller reden. Schon immer.

ÉMILE ZOLA (1840–1902)

Die Rougon-Macquart (1871–1893)

Der Schriftsteller Émile Zola liebte die literarische Aufklärung undurchsichtiger Szenen. Er nannte sie seine experimentelle Methode, und er wurde durch sie weltberühmt.

Als Autor, gerade als Romancier, steht man oft vor einem Problem, und das liegt in der Beziehung zwischen dem historisch Faktischen und der literarischen Darstellung. Die Malerei hat dieses Problem nur selten. Klar, manche Porträtierte beklagen, dass sie nur zu gut oder überhaupt nicht gut getroffen wurden; auch Gauguin musste rechtfertigen, warum sein Jesus blond war. In der Musik fragt erst recht niemand danach, ob der Regen tatsächlich so fiel, wie Hanns Eisler es in seiner Suite *14 Arten, den Regen zu beschreiben* komponiert hat. Im Ballett dürfen Schwäne wie ein See aussehen oder ein See so, als hätte es dort nie Schwäne gegeben.

Warum dieser Absprung ins Grundsätzliche? Nun, weil wir mit dem 1840 in Paris geborenen Émile Zola auf einen Autor zu sprechen kommen, der als eines der Häupter der naturalistischen Schule gilt.

Die naturalistische Schule! Ich bemühe mich, in diesem Buch die tiefere Gelehrsamkeit nur zu bemühen, soweit es zum Verständnis der Autoren und ihrer Werke dringend notwendig ist, daher auch jetzt nur wenige

Zeilen: Im Naturalismus, in der Prosa der zweiten Hälfte des 19. Jahrhunderts, sollte es nicht um verklärte Helden gehen, deren Werte der Welt ein Vorbild setzen. Es ging auch nicht um die Darstellung der inneren Zerrissenheit einer romantischen Figur, die unter der Verletzung ihrer Eigenheit leidet. Nein, es ging um den Versuch, die ganze menschliche Gesellschaft in jener traurigen, empörenden Verfasstheit zu beschreiben, in der wir ihr tagtäglich begegnen.

Und diese Begegnung zeigt naturgemäß mehr Schatten als Licht. Wir befinden uns schließlich im Zeitalter der ersten industriellen Revolution. Das Hässliche, das Erbarmungswürdige, das Vulgäre und das Rohe finden ihren Platz im Kunstwerk. Und zwar gerade im literarischen Kunstwerk. Die Oper kommt später.

Es ist aber auch das Zeitalter der modernen Wissenschaft. Die menschliche Gesellschaft kann medizinisch wie ein Organismus betrachtet werden, gleichsam physiologisch oder anatomisch, auf jeden Fall mit den Methoden der Wissenschaft, der Medizin oder der sich langsam herausbildenden Soziologie. Schicksale sind demnach das, was wir in der Wissenschaft »Fallbeispiele« nennen. Jenes Verhängnis, das früher, bei den Griechen, den Römern und auch noch bei den Klassikern der Neuzeit Schicksal hieß, reduziert sich jetzt auf eine Anordnung, auf ein Experiment mit bedingtem, mit fast voraussehbarem Ergebnis. Und damit sind wir bei Émile Zola!

Émile Zola, sechs Jahre nach seinem Tod, im Jahre 1902, zu einem der französischen Unsterblichen erklärt und entsprechend im Pariser Panthéon zur ewigen Ruhe gebracht, war einer der bedeutenden Wegweiser des Naturalismus. Formal auch dem Umfang nach entwarf er seine großen Werke als Serienfolge. Zwanzig Bände sollten es werden. Das hatte der von ihm bewunderte Honoré de Balzac schon mit Erfolg vorexerziert. Und sieht man sich den Titel dieser Serie genau an, die Zola zwischen 1869 und 1893 zu Papier brachte, so hört man jenes Programm heraus, von dem ich gerade sprach. Der Zyklus über eine Familie namens Rougon-Macquart heißt nämlich: *Les Rougon-Macquart. Histoire naturelle et sociale d'une famille sous le Second Empire*, auf Deutsch ganz wortwörtlich übersetzt: »Die Rougon-Macquart. Natur- und Sozialgeschichte einer Familie im Zweiten Kaiserreich«.

Als Titel ist das nicht unbedingt ein Hammer, es sei denn, man hat es als Autor auf die Anwendung der wissenschaftlichen, in diesem Falle der soziologischen, man kann auch sagen der positivistischen Methode in der Literatur abgesehen. Und genau darin bestand das Projekt: Zola war von dem namhaften Soziologen Hippolyte Taine überzeugt worden, dass sich das menschliche Leben durch drei große Determinanten nachvollziehen ließ: durch die Stellung des Individuums in der Gesellschaft, durch seine biologische Verfasstheit und durch den historischen Moment, also die Zeitläufe. Auf Französisch heißen diese drei Faktoren *milieu, race* und *mo-*

ment. Den Familienzweig der Rougon verortete Zola im Bürgertum, den der Macquart hingegen in der Unterschicht. Das Experiment konnte beginnen.

Heute, wo uns der Jargon der sozialwissenschaftlichen Selbstverständigung fast schon widerstandsfrei durch die Ohren zieht, mag uns die Ankündigung einer theoretischen Absicherung von Literatur wie eine schreckliche Drohung vorkommen. Doch vergessen wir nicht, wir sind die leidgeprüften Erben einer langen akademischen Entwicklung. Für Émile Zola und seine Zeit aber handelte es sich bei der Soziologie noch um ein völlig neues Terrain. Der von Zola so bewunderte Schriftstellerkollege Gustave Flaubert hatte versucht, auf der Suche nach dem *mot juste*, dem einzig richtigen literarischen Ausdruck eine Stufe der sozusagen wissenschaftlich präzisen Definition zu erreichen. Und die Brüder Goncourt, zwei andere hell strahlende Sterne am Himmel der zeitgenössischen französischen Prosa, waren gleichfalls bemüht, die Beschreibung des Alltags nicht nach subjektiven, sondern nach, wie sie sagten, objektiv relevanten Kategorien vorzunehmen.

Dahinter steckten mehrere Beweggründe, manche offen erklärt, manche gewiss eher unbewusst: Einmal ging es ohne Zweifel um, salopp ausgedrückt, die Teilhabe am Weltgeist. Die Wissenschaften, ganz besonders die Naturwissenschaften, waren zu jener Zeit dabei, sich ihr Monopol als Weltdeuter zu sichern. Gefragte Erkenntnis war wissenschaftlich, war experimentell abgesicherte Erkenntnis, da wollte auch der Romancier nicht im Abseits stehen.

Der zweite Beweggrund lässt sich vielleicht am einfachsten an einem Beispiel erläutern, an jenem Werk, mit dem Zola, wie man so zweideutig sagt, sein Durchbruch gelang. Gemeint ist der Roman *Therese Raquin*, er erschien 1867, da war Zola gerade siebenundzwanzig Jahre alt. *Therese Raquin* handelt von der Nichte einer Kurzwarenhändlerin, die ihren kränklichen Vetter heiratet, bald aber einen anderen Mann attraktiver findet. Mit ihm beginnt sie ein wildes Verhältnis, gemeinsam bringen sie schließlich den störenden Ehemann um, leiden aber immer stärker an ihrer Schuld, versuchen, sich gegenseitig umzubringen – am Ende begehen sie gemeinsam Selbstmord.

Klar, das ist Schauer vom Feinsten, wenn man so will, hautnaher Boulevard. Aber Zola schildert hier nicht einfach das Böse, das Abgefeimte, er schildert auch das Milieu, sozusagen die Bedingungen der Möglichkeit, unter der etwas so Grauenvolles geschehen konnte. Und damit wird der Blick der Leser auf etwas Neues gerichtet: Es sind eben auch die gesellschaftlichen Umstände, die für den Hergang einer Tat mitbestimmend sind. Schuld verteilt sich nicht nur auf verschiedene Einzeltäter, sie nistet auch in einem Gewebe von falscher Moral, hemmungsloser Ausbeutung, unerträglichen Wohnverhältnissen und vielem Unerfreulichen mehr.

Dieses Milieu ist eine soziologische Bestimmung, und Zola will all jenen, die vorschnell den Stab brechen über die Mörder und Ehebrecher, zurufen: »Schaut bitte vorher einmal etwas genauer hin, und wenn ihr ein Urteil fällt, dann bitte erst nach einer genauen pathologischen Erkundung!«

Ich habe das Wort »pathologisch« ganz bewusst gewählt, weil Zola selber eine formidable Schwäche für medizinische Ausdrücke hatte. »Ich tat, was Chirurgen tun, wenn sie Leichen sezieren«, soll er gesagt haben, als er gefragt wurde, wie er die unglücklichen Helden seines Romans konzipiert habe. Da war er wieder, der Mann der Wissenschaft. Ich gestatte mir hier nur die kleine Bemerkung, dass Chirurgen und Pathologen in Zolas Verständnis bei ihren Patienten offenbar noch keine strenge Trennung zwischen belebter und unbelebter Materie vornahmen.

Weitaus wichtiger ist mir aber ein anderer Hinweis. Vorhin fiel das Wort vom Boulevard. Die Reaktion des konservativen Bürgertums auf die Milieuschilderungen von Zola, auf Giftmorde und Bettszenen, wäre heutzutage vergleichbar dem Aufschrei des Feuilletons, bediente sich ein Autor für seinen Roman der Vorgaben des Privatfernsehens im Nachmittagsprogramm. Der Vorwurf des Vulgären ist da noch ein Euphemismus. Und auch deswegen handelte Zola mit großer Klugheit, als er diesen vermeintlichen Abstieg in das Reich des Unsagbaren mit dem weißen Kittel eines Mediziners antrat.

Ich hätte in diesem Kapitel gerne mehr Romane aus Zolas *Rougon-Macquart*-Zyklus untergebracht, schon weil so viele ohne großen Umstand in die heutige Zeit transponiert werden könnten: *Germinal* etwa, die Geschichte eines brutal niedergeschlagenen Streiks von Bergarbeitern um höhere Löhne und Arbeitssicherheit. Das Buch ist noch heute in China verboten. Oder *Das Geld*, jener Roman, der uns schon 1891 erzählt, wie Banker zu Kriminellen werden, weil ihre Gier nicht nur ihre, zugestanden, zweifelhafte Moral, sondern auch ihren Verstand besiegt hat – ein Werk, das zur Pflichtlektüre aller Kunden am Bankschalter seit dessen Erfindung gehören sollte. Oder *Nana*, die Geschichte vom Marktwert der Sexualität, oder *Der Bauch von Paris*, von heute aus betrachtet ein berührender Blick auf Les Halles, den zentralen Fressmarkt der französischen Hauptstadt. Oder oder oder …

Sie merken, meine Damen und Herren, das waren soeben emphatische Leseanregungen, doch ich möchte auf diesen Seiten noch kurz ein anderes Thema ansprechen, und zwar: Émile Zola, der engagierte Schriftsteller. Einigen ist der Franzose ja vor allem wegen seines Eintretens für einen zu Unrecht der Spionage angeklagten jüdischen Hauptmann der französischen Armee im Gedächtnis. Dieser Hauptmann hieß Alfred Dreyfus. Er wurde wegen Hochverrats verurteilt und deportiert. Zola, der hinter der Anklage kaum verhohlenen Antisemitismus witterte, schrieb Anfang Januar 1898 einen offenen Brief an den französischen Staatspräsidenten, der mit den berühmten Worten »J'accuse«, »Ich klage an«, begann und mit den kaum weniger berühmten Worten »J'attends«, »Ich warte«, endete.

Der Prozess wurde wegen des öffentlichen Drucks wieder aufgenommen, der Hauptmann schließlich rehabilitiert. Frankreich war in zwei Lager gespalten, die Anhänger und die Gegner von Dreyfus. Diese Front spaltete auch die Künstler und Intellektuellen, es standen sich, grob gesagt, antisemitische Nationalisten und »linke« Avantgardisten gegenüber. Alte Freundschaften zerbrachen. Die Maler Degas und Renoir schlug es ins Lager der Antisemiten, Monet hielt Zola, dem Wortführer der Dreyfusards, die Treue, zog sich dann aber zurück, um angewidert von der Welt seine Seerosen zu malen.

Ich erwähne diesen Skandal einmal, weil er untrennbar mit dem Namen Zola verbunden ist, zum anderen aber auch, weil er uns ein wenig in die Vielschichtigkeit jenes Unternehmens »Naturalismus« einführen kann. Zolas offener Brief war nämlich ganz und gar nicht, wie man vermuten könnte, von kühler wissenschaftlicher Objektivität, er war vielmehr eine pathetische Deklaration für den Boulevard. Und vermutlich auch deswegen so erfolgreich.

Denn niemand ahnte, besser gesagt, wusste genauer als Zola, dass eine Literatur, die gleichsam objektiv und kühl auf dem Reißbrett entworfen wurde, weder dem Autor noch seiner Leserschaft ein Quell der Freude sein kann. Es muss sich die Realität, es müssen sich die Fakten schon zu einer guten Geschichte zusammenbauen lassen.

Gut, diese Mischung aus Detailtreue und Umwidmung in einen Erzählstoff verprellt naturgemäß den einen oder anderen, der sich in der Erzählung wiedererkennt – oder wiederzuerkennen glaubt: Der Maler Paul Cézanne etwa, seit der gemeinsam in Aix-en-Provence verbrachten Kindheit ein enger Freund Zolas, brach die Beziehung abrupt ab, als er sich in einem seiner Romane porträtiert fand, porträtiert als gescheiterter Maler, der aus Verzweiflung Selbstmord begeht. Das kann einen Maler zu Lebzeiten auch kaum freuen.

Zolas Tod, um bei dem Stichwort zu bleiben, wird von ähnlichen Gerüchten umweht wie das Hinscheiden von Beethoven oder Mozart: Er soll im Winter 1902 durch einen nationalistischen Ofensetzer umgebracht worden sein, der sich am Rauchabzug seiner Heizung zu schaffen gemacht hatte. Das war ein echtes Boulevard-Ende – und eine jüdische Verschwörung dürfen wir hier ausschließen.

LEW TOLSTOI (1828–1910)

Kindheit und Jugend (1852) · Krieg und Frieden (1868–1869) · Anna Karenina (1877)

Zu großem Ruhm auf der Weltbühne der Literatur gelangte Lew Nikolajewitsch Tolstoi mit seinem Roman *Krieg und Frieden*, der im Original zwischen 1868 und 1869 in einer Zeitschrift erschien. *Krieg und Frieden* ist einmal die mitreißende Schilderung des Eroberungsfeldzuges von Napoleon gegen Russland, jenes Krieges, der 1805 begann und 1812 für die Franzosen mit einer bitteren Niederlage endete. Der Roman ist gleichzeitig natürlich das große Beziehungsdrama um die Fürsten Andrej und Pierre und die schöne Natascha. Und dann geht es noch um die Selbstfindung des geheimnisvollen Russlands, wenn man so will, um die Entdeckung der russischen Seele, das Abstreifen von fremdem zivilisatorischem Firnis.

Daran werden sich die meisten in groben oder feineren Zügen aus dem Literaturunterricht noch erinnern oder, was viel schöner wäre, aus der Lektüre selbst, vielleicht auch aus einer der berühmten Verfilmungen. Nicht so deutlich in Erinnerung ist aber wahrscheinlich, dass der Autor von *Krieg und Frieden*, dass Lew Tolstoi sich seine ersten literarischen Meriten als Kriegsberichterstatter für Zeitungen verdiente. Tolstoi kam 1828 auf die Welt, und er war Anfang zwanzig, als er zum Teil aus Abenteuerlust, zum Teil auch aus

Zweifeln an seiner literarischen Befähigung in den
Kaukasus reiste und dort als Freiwilliger ins Militär
eintrat. Der Kaukasus war damals seit zwei, drei Jahrzehnten das neue, wilde Grenzgebiet in Russlands
Süden.

1853 brach der Krimkrieg aus, Russland gegen England und Frankreich. Tolstoi schrieb darüber aus Sewas-
topol, dem Schauplatz erbitterter und blutigster Schlachten. Hier erlebte er die ganze Grausamkeit, Sinnlosigkeit
und gleichzeitig scheinbare Unvermeidlichkeit des Ge-
metzels aus allernächster Nähe.

Darüber schrieb er. Und darüber schrieb er mit
solch durchschlagendem Erfolg – nicht nur die gemei-
ne und die gebildete Öffentlichkeit, selbst der Zar soll
seine Berichte mit großer Aufmerksamkeit verfolgt haben –, dass Tolstoi plötzlich begann, an seine schriftstellerische Begabung zu glauben.

Wir müssen an dieser Stelle einfügen, dass nicht viele Kriegsberichterstatter sich des Beispiels ihres großen
Vorgängers als würdig erwiesen. Aber sehr viel wichtiger ist gewiss, die Merkmale zu benennen, die die
Kriegsberichte Tolstois und wenig später auch seine
großen Romane auszeichnen: Da ist zum einen diese
schier unglaubliche Virtuosität, die der Schriftsteller
beim Wechsel von erzählerischen Perspektiven an den
Tag legt. Der Leser wird gleichsam an die Hand genommen und von Szene zu Szene, von Staunen zu Erleich-
terung, zu Mitgefühl und Schrecken geführt – doch
nicht von einer einzigen Instanz, dem großen allwis-

senden Autor, sondern immer wieder von neuen, von anderen Zeugen des Geschehens.

Die zweite, nicht weniger wichtige Qualität liegt in der Kunst der Personenbeschreibung. Tolstoi entwirft, verfolgt, er schildert seine Charaktere mit einem solch untrüglichen Feingefühl fürs Detail, dass der Leser auch Randfiguren sofort wiedererkennt, selbst wenn sie, sagen wir, seit dreißig oder vierzig Seiten keinen »Auftritt« mehr hatten. Klar, kann man entgegnen, das sei ja auch nötig, wenn man, wie etwa in *Krieg und Frieden*, gleich mehrere Hundert verschiedene Charaktere einführt. Doch es geht um sehr viel mehr als nur um unterschiedliche Körpergrößen, um rotes, blondes oder schwarzes Haar, um schleppenden oder tänzelnden Gang. Tolstoi schafft es, aus beliebigen äußerlichen Merkmalen, aus Sprachfehlern und verwachsenen Nasen sozusagen unsterbliche Seelen zu schaffen. Generationen von Schriftstellern haben ihn um diese Gabe beneidet – oder ihm diesen Genius attestiert. Nur ganz wenige Autoren in der Literaturgeschichte, wenn es überhaupt welche gibt, konnten sich über mehr Lob ihrer Kollegen freuen als Tolstoi.

Die Erforschung der Biographie Tolstois lässt inzwischen kaum einen Tag seines Lebens unausgeleuchtet. Das liegt einmal an dem gewaltigen Umfang der einschlägigen Forschung, das liegt aber auch daran, dass Tolstoi sich schon sehr früh, bereits als Kind und Jugendlicher, selbst beschrieben hat. Nachzulesen ist diese Zeit unter anderem in einer Trilogie, die aus den Teilen

»Kindheit«, »Knabenjahre« und »Jünglingszeit« besteht. Tolstoi erzählt darin die Geschichte des Jungen Nikolai zwischen seinem zehnten und sechzehnten Lebensjahr.

Nein, dieser Nikolai ist nicht das abgespiegelte Bild des Lew Tolstoi. Die Figur dieses Kindes, das – wie Tolstoi – eines der Kinder eines Grafen war, das – wie Tolstoi – früh seine Eltern verlor, das – wie Tolstoi – unendlich darunter litt, von seiner Umwelt nicht genug geliebt zu werden, ja, das sich verachtet fühlte und das – wie Tolstoi – sich beständig für sein Versagen schämte, dieses Kind dürfen wir uns aber getrost als ein literarisch zieliertes Ebenbild jenes jungen Grafen Lew Nikolajewitsch Tolstoi vorstellen, der am 9. September 1828 auf dem Gut Jasnaja Poljana im Gouvernement Tula geboren wurde.

Es wäre aber reine Verschwendung, wenn man die auf Deutsch unter dem Titel *Kindheit und Jugend* erschienene Trilogie von Lew Tolstoi nur als eine Art *home-story* über die frühe Lebenszeit eines der größten Erzähler nicht nur des 19. Jahrhunderts läse. Das Buch *Kindheit und Jugend* ist vielmehr eines der anrührendsten Werke überhaupt, die je über die Seelennöte, Ängste, Eitelkeiten und Glücksmomente von Kindern und Jugendlichen geschrieben wurden, ganz gleich, ob sie Oliver Twist, Huckleberry Finn oder eben Nikolai heißen. Die Angst vor Erziehern, der betroffene Blick in den Spiegel, das Gefühl des Ausgestoßenseins: Junge Menschen haben ihre Nöte, ihre Träume, ganz gleich, mit wie vielen silbernen Löffeln sie auf die Welt kommen.

Dass *Kindheit und Jugend* gemeinhin nicht im selben Atemzug genannt wird wie *Oliver Twist* und *Huckleberry Finn*, das liegt wohl schlicht daran, dass die beiden großen Romane Tolstois, *Krieg und Frieden* und *Anna Karenina*, eben alles andere in den Schatten stellten.

Tolstoi war Ende zwanzig, als er den Militärdienst verließ. Er unternahm eine mehrmonatige Reise durch West- und Südeuropa, und als er auf sein Gut zurückkehrte, widmete er sich der Frage, die viele russische Reformer in jenen Jahren umtrieb: Was lässt sich bewegen in diesem Land? Oder konkreter: Wenn das wahre Russland, wie Tolstoi vermutete, nicht durch die Schicht der Aristokraten, sondern durch die einfachen Bauern verkörpert wird, dann kann man diese Bauern nicht als Leibeigene halten. Was aber, wenn die Bauern in diesem Zustand verharren wollen?

Gut, dann musste man sie erziehen, musste Schulen einrichten, musste Vorbild sein. Tolstoi machte aus seinem Gut Jasnaja Poljana ein Mustergut. Er eröffnete Dorfschulen, stellte Studenten an, die das Bildungsniveau heben sollten. Er versuchte, die Bauern und deren Kinder davon zu überzeugen, dass eine finanzielle Abhängigkeit, sprich: die Pacht, einer körperlichen Abhängigkeit, sprich: der Leibeigenschaft, vorzuziehen ist. Das ganze Projekt erwies sich als sehr komplex.

Komplex auch, wenn man, wie Tolstoi, seine andere große Berufung, das Schreiben, nicht aufgibt, ganz im Gegenteil, wenn man ihr mit großer Produktivität nachgeht. Es erscheinen die Romane *Krieg und Frieden* und *Anna Karenina*. An *Krieg und Frieden* hatte Tolstoi mehr als sechs Jahre gearbeitet. *Anna Karenina* hätte er eigentlich schon früher fertigstellen wollen, doch da waren »zwischendurch« noch so viele Erzählungen, Traktate, Fibeln, Aufklärungsschriften zu verfassen. Und *Krieg und Frieden* oder *Anna Karenina* schrieb selbst ein begnadeter Autor wie Tolstoi nicht lässig aus dem Handgelenk, einfach mal eben nach der Aufsicht über die Hofarbeit, einer Unterweisung der Dorfschüler in Landrechte oder der Abrechnung mit dem Verwalter.

Wir reden also von einem Besessenen, einem Moralisten, einem Künstler, dazu einem, wie man heute leider verächtlich und überheblich sagt, tätigen Gutmenschen. Sicher, das ist so ein verklärtes Bild, dem Tolstoi in seinen späteren Jahren als öffentliche Erscheinung auch ein wenig Vorschub geleistet hat. Doch er war diese Ehrfurcht gebietende Gestalt mit zerfurchtem Gesicht, mit riesigem Bart, gekleidet in den einfachen Kittel des Bauern. Der Mann der unerbittlichen Urteile: Gegen den Krieg! Für die Unterdrückten! Gegen die Sexualität in der Ehe!

»Schande!« riefen dann seine Gegner, dieser Mann hat doch nicht weniger als dreizehn Kinder gezeugt, mit jener Sofja Andrejewna, die er 1862 geheiratet hatte und die er – samt seiner ganzen Familie – schließlich praktisch enterbte, als er die Rechte an seinen Werken »dem russischen Volk« vermachte. »Er lästert über die Kirche«, riefen Popen und katholische Kirche und ließen seine Schriften auf den Index setzen und den Autor exkommunizieren. »Unmöglich«, schrien auch die Zensoren des Zaren und strichen Passage um Passage aus seinem Werk.

Wir können und wollen diese Widersprüche hier nicht auflösen. Tolstoi war nun einmal in seinem Leben stets er selbst und auch ein erheblicher Bestandteil von seinem Gegenteil. Vielleicht ist das ein Zeichen von menschlicher Größe.

Seine großen Romane, allen voran *Anna Karenina*, sind gespickt mit diesen Widersprüchen, mit den Spielen zwischen Schwarz und Weiß. Anna Karenina entscheidet sich für das Glück, für die Liebe und gegen einen langweiligen Ehemann, dafür wird sie mit dem Tod bestraft, schließlich gründet ihr Glück auf einem Ehebruch. Weiß gegen Schwarz. Wir wählen das Leben *in* der Gesellschaft oder wir werden *aus* dieser Gesellschaft verbannt: Weiß gegen Schwarz. Anna Karenina bleibt am Ende nur noch der Selbstmord. Die Farbe Schwarz. Sie trägt ein weißes Kleid, die Lokomotive, vor die sie sich stürzt, ist natürlich schwarz lackiert undsoweiter undsoweiter …

Man kann sich einen der größten Romane der Weltliteratur so schematisch zurechtinterpretieren. Doch dann läuft man Gefahr, all das zu übersehen, was Marcel Proust, Thomas Mann, Fjodor Dostojewski, Virginia Woolf zu Recht an Tolstoi lobten, priesen, bewunderten, was sie zum Niederknien bewegte: Eben dass er trotz – vielleicht auch wegen – all dieser Muster, dieser Widersprüche und Ungereimtheiten Literatur von einer schmetterlingshaften Vielfalt schuf, die sich allen Einordnungen entzog.

Ich möchte am Schluss dieses Kapitels noch eine kleine Anekdote unterbringen: Turgenjew, auch ein großer Bewunderer Tolstois, sandte nach der ersten französischen Übersetzung von *Krieg und Frieden* zwei Pakete an seinen Freund in Rouen, seinen literarischen Gott Gustave Flaubert. »Ich schicke Ihnen zwei Pakete, lieber Meister«, schrieb Turgenjew, »im ersten einen unvergleichlichen Lachs und eine Schüssel Kaviar, im zweiten eine französische Übersetzung des Romans eines Herrn Tolstoi, den ich für einen unserer größten Schriftsteller halte. Er heißt *Krieg und Frieden*.«

In den ersten beiden Antwortschreiben mahnte Flaubert das Ausbleiben des Kaviars an. Sein Lob für *Krieg und Frieden* tat er erst in seinem dritten Schreiben kund. Für einen zeitgenössischen Schriftstellerkollegen fiel es fast überschwänglich aus.

MARCEL PROUST (1871–1922)

Auf der Suche nach der verlorenen Zeit (1913–1927)

Wenn man von einem Autor einen Satz hört, der lautet: »Ein Buch ist ein großer Friedhof, auf dessen Gräbern man die verblassten Namen nicht mehr lesen kann«, einen Satz also voller Melancholie und Traurigkeit, dann kann man sich vielleicht nur schwer vorstellen, dass der Urheber dieser Worte, ein eher kleiner, hagerer Mann, für sein durchdringendes Lachen bekannt, ja, fast gefürchtet war.

Der Autor heißt Marcel Proust, wurde 1871 in Paris geboren und hinterließ uns mit *Auf der Suche nach der verlorenen Zeit* ein Romanwerk, das wie kaum ein anderes die Literatur des 20. Jahrhunderts bestimmte. Allenfalls der große Ire James Joyce ist ihm an Bedeutung gleichzustellen, auch er prägte einen ganz neuen Stil, eine Erzähl- und eine Gefühlsweise, an der niemand, der später schrieb, vorbeikam.

Als übrigens die beiden, als James Joyce und Marcel Proust sich einmal begegneten, sie saßen gemeinsam in einem Taxi, hatten sie sich überhaupt nichts zu sagen. Wortlose Uneinigkeit bestand auch in der Frage, wer die Fuhre bezahlen sollte. Keiner der beiden Großliteraten hatte je eine Zeile des Kollegen gelesen.

Ich habe den Satz mit dem Buch, den Gräbern und den verblassten Namen an den Anfang dieses Kapitels gestellt, weil er uns gleichsam leitmotivisch in das Hauptwerk von Marcel Proust führt, in eben jene *Suche nach der verlorenen Zeit*. Die titelgebende Wendung stammt übrigens aus dem 1927, also fünf Jahre nach des Autors Tod, erschienenen letzten Band des Romanzyklus, *Die wiedergefundene Zeit*.

In diesem letzten der sieben Bände erfährt der Held, der Erzähler, der immer schon – und immer vergeblich – danach trachtete, Schriftsteller zu werden, dass die Kunst des Schreibens vornehmlich darin liegt, sich seinen Erinnerungen hinzugeben. Diese Erinnerungen tauchen unangekündigt auf und sind flüchtig, meist heften sie sich an ein materielles Objekt, lösen über den Geschmack oder den Geruch eine Assoziation aus, die den Dichter wieder zurück in die Vergangenheit, an jenen Ort der Unschuld, des Glücks oder des Leides führt, der Ausgangspunkt des Erlebten war.

Die Suche nach der verlorenen Zeit spielt in Frankreich an der Wende zum 20. Jahrhundert, und sie beschreibt vornehmlich zwei soziale Schichten: den Adel, der nur scheinbar noch davon überzeugt ist, die Geschicke des Landes zu lenken, und das Bürgertum, die aufstrebende gesellschaftliche Kraft, aus deren Schoß das Neue, das Innovative in Politik, im Kommerz, aber auch in der Kunst entsteht.

Der Ich-Erzähler – an einer einzigen Stelle erfahren wir, dass er Marcel heißt, wir erfahren aber zugleich auch, dass Marcel nicht völlig mit dem Autor identisch ist –, dieser Ich-Erzähler erlebt eine behütete Kindheit in Paris und während der Ferien auf dem Lande. Seine Familie sind wohlhabende Bourgeois, die sich einen luxuriösen Lebensstil leisten können.

Der Erzähler macht die Bekanntschaft des Kunstsammlers Monsieur Swann und lässt sich von ihm in die faszinierende Welt der Kunst und auch in die merkwürdige Sphäre der erotischen Abhängigkeiten einführen. Eines Abends ist der junge Mann von einem Theaterbesuch tief bewegt und glaubt plötzlich zu wissen, dass der einzige Beruf, der je für ihn in Frage kommen werde, der des Dichters sei.

Allein, der Erzähler merkt bald, dass zu seinen Wesenszügen auch eine ausgeprägte Faulheit gehört. Die energische Tat ist seine Sache nicht, er ist verzärtelt, hinzu kommt eine immer wieder auftauchende Krankheit, die seine Aktivitäten lähmt. Seine Stärke liegt mithin vielmehr in den Empfindungen als in dem Vermögen, diesen Empfindungen künstlerischen Ausdruck zu verleihen.

Wenn ich jetzt mitteile, dass der Schriftsteller Marcel Proust Sohn eines angesehenen Arztes und einer reichen jüdischen Erbin war, wird das vermutlich nicht sonderlich überraschen. Hast war in diesem Hause unbekannt. Marcel konnte, wie von einem Gotteswort gebannt, eine Stunde lang unbewegt vor einem blühenden Rosenstrauch meditieren. Ich könnte hier auch noch anfügen, dass Proust zeit seines Lebens an einer Lungenkrankheit litt, selbst das liegt im Erwartbaren. Und, selbstverständlich: Er vergötterte seine Mutter, und seine Mutter vergötterte ihn. Wenn die beiden miteinander Streit hatten, dann ging es in aller Regel um den Vorwurf der Mama: »Marcel, warum bist du nur immer so faul!«

Es liegt somit nahe, die sieben Bände der Erzählung *Auf der Suche nach der verlorenen Zeit* unter ein starkes Vergrößerungsglas zu legen, um sie auf autobiographische Bezüge hin zu untersuchen. An einer solchen Lesart von Kunstwerken pflegen ja Literaturwissenschaftler sehr viel mehr Freude zu empfinden als, sagen wir, Musikologen oder Kunsthistoriker. Und gerade im Falle Proust kannte die Lust am Auffinden von autobiographischen Bezügen kaum Grenzen. Erst noch in verschwitzt-verschämten Andeutungen – da galt die Homosexualität des Schriftstellers noch als Tabu. Später dann immer ungehemmter, gleichsam nach jedem verschlissenen Taschentuch greifend, das vielleicht auch als Ausdruck von Prousts jeweiliger Seelenlage gedeutet werden könnte. Proust wurde ein Objekt jener Neugier, die sein Bewunderer Theodor W. Adorno in den frühen fünfziger Jahren des vergangenen Jahrhunderts einmal so trefflich altmodisch »die Sucht der Farbenfilme und der Millionärsmagazine« nannte.

Genau das, dieses Abpausen einer Biographie auf einen Roman, scheint mir aber der unglücklichste Weg zu sein, um sich dem Werk von Proust zu nähern und es als das zu begreifen, was es ist: der geglückte Versuch, in einem ästhetischen und intellektuellen Panorama all jene Elemente zum Leben zu erwecken, die bei einer sogenannten »faktischen«, einer »objektiven« Untersuchung von Geschichte, von sogenannten »realen Abläufen« aus dem Blickfeld geraten.

Man nehme nur einmal den Faktor Zeit, jene im Roman anfänglich »verlorene«, zuletzt dann »wiedergefundene« Zeit. Sie war naturgemäß immer schon mehr und anderes als das, was uns der Kalender, der Glockenschlag, die Stoppuhr mitteilt. Jeder, der je liebte oder trauerte, wir alle also, wissen das. Die französischen Revolutionäre von 1871 schossen mit ihren Musketen auf die Zifferblätter von Kirchturmuhren, um symbolisch eine neue Zeit anzukündigen.

Aber Marcel Proust verhilft diesem doch eher diffusen, »unordentlichen« Gefühl zu einer literarischen Evidenz. Er erklärt, beschreibt, beschwört dieses Phänomen in unserer Lebenswelt. Gibt ihm und dem Nachdenken darüber einen Status, den bedeutende Physiker auf ihre Art auch zu beschreiben versuchen. »Ich würde so gerne mit Einstein korrespondieren«, schrieb Proust ein Jahr vor seinem Tod, »doch ich verstehe seine Sprache zu wenig.« Mehrere Jahrzehnte später wünschte sich der Astrophysiker Stephen Hawking, er hätte bereits früher Proust gelesen.

Im Speicher unserer Erinnerungen, den Erinnerungen eben an die verlorene Zeit, finden wir die Matrix, die unser Zeitgefühl bestimmt. Die Botenstoffe werden durch unsere Gefühle transportiert: Eine bestimmte Farbe, ein Gesichtsausdruck, der Geruch einer Pflanze nimmt das Signal auf und versetzt uns, jedenfalls unser

Bewusstsein, wenn man so will, unsere Seele, in jenen der kalendarischen Zeit ausweichenden Gemütszustand, der mit dem Wort »Erinnerung« eigentlich noch zu schwach beschrieben ist. Im Grunde geht es nämlich um eine Vergegenwärtigung, die der Zeit eine lange Nase zeigt.

Am deutlichsten erkennen wir diesen Vorgang in der Kunst, wenn wir ganz zu Recht von einem Musikstück, einem Gemälde, einem Gedicht aus längst vergangenen Zeiten sagen: »Es spricht zu mir.« Da sind wir mit der Vergangenheit wieder im Präsens.

Das alles könnte den Eindruck erwecken, in diesen sieben Bänden werde ein so hochkomplizierter Stoff verhandelt, dass kein literarischer Genuss möglich sei. Aber falsch, ganz falsch. Bei Proust lebt jeder Gedanke im literarischen Gewand einer sinnlichen Empfindung. Hier wird nie doziert, immer nur vorgeführt. Gewiss, das geschieht in einer anspruchvollen Sprache, aber es geschieht in einer *betörend* anspruchvollen Sprache. Proust, um es auf einen schlichten Punkt zu bringen, liebte Blumen und nicht die Botanik.

Des Weiteren müssen wir uns vergegenwärtigen, dass wir es hier auch mit einem sehr spannenden Zeitdokument zu tun haben, einem Dokument, das uns jene Epoche nach dem Zusammenbruch des Französischen Kaiserreichs, der Herrschaft der Kommune und dem Ausbruch des Ersten Weltkriegs vor Augen führt.

Als Proust geboren wurde, im Sommer 1871, stand Paris noch im Zeichen des räterepublikanischen Aufstands der Kommunarden. Gut, deren Herrschaft war Ende Mai, anderthalb Monate vor Prousts Geburt, zusammengebrochen, doch die Stadt litt unter Hunger. Die meisten französischen Rezepte, in denen Mäuse oder Ratten eine Rolle spielen, stammen aus dieser Zeit. Dem kleinen kränklichen Marcel fehlte so viel von allem, dass niemand mit seinem Überleben rechnete.

Das französische Bürgertum kämpfte sich bald wieder zurück an die Macht, konnte – auch damals gab es Wirtschaftswunder – bald wieder eine Pracht entfalten, die ganz bewusst der Kargheit jener Hungerjahre ein Bild der Opulenz entgegensetzte.

Die zeitgeschichtliche Situation fließt in den Roman ein wie die Liebschaften, die Nachstellungen, die Intrigen. Ganz besonders aufschlussreich sind jene Szenen, die vor dem Hintergrund der berühmten, uns schon bei Zola mit Abscheu erfüllenden, Dreyfus-Affäre spielen. Diese Affäre gilt als der wohl berühmteste Skandal des wiederhergestellten Kaiserreichs. Ein jüdischer Hauptmann der französischen Armee war fälschlich beschuldigt worden, militärische Geheimnisse an die Deutschen verraten zu haben. 1894 wurde er dafür verurteilt. Wie sich schließlich herausstellte, handelte es sich um ein besonders schäbiges antisemitisches Komplott. Erst zwölf Jahre nach seiner Verurteilung wurde der Hauptmann rehabilitiert.

Der Dreyfus-Affäre räumte Proust einen gewichtigen Part in den Gesprächen der Salons ein, die er in seinem Roman beschrieb. Sie spielte aber auch in seinem Privatleben eine sehr bedeutende Rolle: Proust, der Lebenskünstler, der Dandy, der Versteckspieler, der sich öffentlich weder zu seiner Homosexualität noch zu seiner jüdischen Abstammung bekannte, schlug sich auf die Seite der linken, der anti-konservativen Kräfte und riskierte (und verlor) damit die Unterstützung der »Gesellschaft hinter dem hochgehaltenen Fächer«, also der christlich-konservativen Stimmgabeln. Paul Claudel, der schwärmerische Katholik, Dichter, Ex-Diplomat und – was weniger bekannt war – auch Ex-Menschenhändler, nannte Proust »eine grell geschminkte Jüdin«. Mehr an demonstriertem Abscheu konnte man von einem Mann seines vornehmen Standes schwerlich erwarten.

Dem literarischen Ruhm bzw. Nachruhm von Marcel Proust hat das nicht geschadet. Schon ein Jahr nach des Dichters Tod widmete die berühmteste Literaturzeitschrift Frankreichs, *La Nouvelle Revue Française*, Proust eine gesamte Ausgabe. Und dann setzte der Kult ein. Aber der hatte vielleicht schon zuvor begonnen. Hatte begonnen, als das Foto von Marcel Proust auf seinem Totenbett überall in Paris als Postkarte zu erwerben war. Das war der erste Schritt zur Unsterblichkeit, zur Überwindung der Zeit. Der Fotograf, Man Ray, war schließlich schon damals ein berühmter Künstler.

Den großen Nachruhm gönnen wir dem Künstler aus vollem Herzen. Deshalb ertragen wir auch die Verknüpfung seines Namens mit einem Gebäck, jawohl, mit jener Madeleine, die, in Lindenblütentee getaucht und danach verzehrt, plötzlich eine süße Kindheitserinnerung heraufbeschwört. Wir ertragen selbstverständlich auch die aufopfernden Versuche unserer akademischen Freunde, die das delikate französische Gebäck symbolisch in die Nähe des Zwiebacks rücken, den Mathilde Wesendonck an Richard Wagner schickte, um ihn durch die Erinnerung an ein gemeinsames Liebeserlebnis zum Vollenden des *Tristan* zu bringen. Unangenehm wird es uns nur, wenn Mineralölgesellschaften für Werbezwecke jene berühmte Proust'sche Erinnerungsszene ausbeuten und ein Texter sich zu einer Zeile versteigt, die lautet: »Ich spürte einen Benzingeruch, … einen Geruch, bei dem die Schlösser der Loire herbeieilen.«

Ich versichere Ihnen, verehrte Leser, das hat der große Marcel Proust *so* nicht gemeint.

HERMAN MELVILLE (1819–1891)

Moby Dick (1851) · Bartleby der Schreiber (1853)

Auf die Frage, wie man sich am besten in einer noch unbekannten Tischrunde einführt, sollte man unbedingt davon abraten, als Erstes auf das Thema »Mein Leben unter den Kannibalen« zu kommen.

Gut, der Stoff sichert dem neuen Gast unter seinen Zuhörern einen gewissen Anfangserfolg. Fremde, exotische Schauplätze, Palmen, vermutlich, Orchideen und Kokosnüsse, selbstredend, und giftige Pfeile aus Blasrohren. Der Schauplatz: Polynesien, Südsee, vielleicht, jedenfalls weit fernab der Regionen, in denen Gottes Wort die Regeln des Handelns und der Moral bestimmt. Da ist gewiss manche Schauergeschichte möglich.

Doch schnell wird im Publikum auch der Zweifel wachsen: Ist diesem Erzähler wirklich zu trauen? Wenn das alles wahr sein soll, wieso hat ausgerechnet *der*, dieser junge Kerl mit dem gepflegten Bart, wieso also hat der dann überlebt? Er sitzt ja hier mitten unter uns, hier im, sagen wir, sicheren New York, und keine, jedenfalls keine sichtbare Beschädigung ist zu erkennen. Kann es nicht sein, dass unser Gast, jener, wir müssen uns wiederholen, dieser junge Kerl, dieser Autor des Bestsellers *Taipi. Vier Monate auf den Marqesas-Inseln oder Ein Blick auf polynesisches Leben*, das 1846 auf Amerikanisch, bereits ein knappes Jahr später auf Deutsch erschien, nicht doch ein wenig zum Flunkern, zum Hochstapeln, höflicher formuliert, »zur literarischen Überhöhung« neigt? So ein Erfolg kann nicht von Dauer sein. Er war nicht von Dauer.

Der Schriftsteller, von dem hier die Rede ist, hieß Herman Melville. Die Szene, die wir zum Auftakt anklingen ließen, spielte 1846, als Melville gerade siebenundzwanzig Jahre alt war. Er kam 1819 in New York zur Welt und starb zweiundsiebzig Jahre später. Es ist schwer, von einem durchgängig glücklichen Leben zu reden. Die Welt kennt ihn als den Autor von *Moby-Dick; or, The Whale*, auf Deutsch *Moby Dick oder Der Wal*, jenem Roman, der ihm literarische Unsterblichkeit, doch zu Lebzeiten nur eine bescheidene Auflage – und Reputation – bescherte.

Allein ein abgefeimter Zyniker könnte eine literaturgeschichtliche Verbindung herstellen zwischen geschäftlichem Bankrott und schriftstellerischer Entfaltung. Doch wie bei vielen anderen Lichtgestalten der Erzählkunst verdanken wir auch das Werk von Herman Melville der Pleite eines Kaufmanns, in diesem Fall der Pleite seines Vaters. Vielleicht halfen die ökonomischen Misserfolge diesen in die Literatur gleichsam gezwungenen Söhnen, die Feinheiten von Schein und Sein, von Gier und Betrug zu ihrem großen Thema zu machen.

Wegen jener unerfreulichen wirtschaftlichen Verhältnisse musste der junge Herman Melville mit zwölf Jahren die Schule verlassen und sich mit den verschiedensten Broterwerben durchschlagen. Einige Jahre später heuerte er als Schiffsjunge an. Die erste Reise, der erste *turn*, ging nach England, nach Liverpool.

Nur in populären Schlagern, wirklich nur in schnulzigen Gassenhauern ist das Leben eines Matrosen ein Zuckerschlecken. Und je weiter man in die Geschichte nicht allein der christlichen Seefahrt zurückblickt, desto weniger romantisch sieht diese Geschichte aus. Schon die Ruderer auf den Booten des Odysseus hatten kein leichtes Schicksal. Genauer betrachtet war das Matrosendasein eine mal mehr, mal weniger erzwungene Form der Sklaverei, eine Arbeit in vollkommener Abhängigkeit.

Herman Melville konnte davon ein beklemmendes Lied singen. Das hat er auch in einem frühen Roman getan. Doch dann, 1841, Melville war zweiundzwanzig Jahre alt, heuerte er erneut an, diesmal auf einem Walfänger. Er rebellierte gegen seine Behandlung an Bord, nautisch-juristisch korrekt gesagt, meuterte er, verließ das Schiff und landete schließlich dort, auf Polynesien, wo er tatsächlich den eingangs erwähnten Kannibalen begegnete. Doch er wurde von Kameraden aus den Fängen der Menschenfresser befreit und durfte als Matrose zurückkehren in die Heimat, nach Neu-England, an die Ostküste der Vereinigten Staaten. Und durfte, wenige Jahre später, seine Geschichten erzählen, die ihm in den Salons anfangs so viel Popularität bescherten.

Melville segelte auf einem Walfänger, hatte ich gerade gesagt, und ich bitte kurz um Aufmerksamkeit für diese immer noch bedauernswerten Tiere: Heutzutage werden Wale systematisch, mit großem technischen Aufwand von skrupellosen Geschäftemachern gejagt, er- und schließlich zerlegt. Wenn es besonders brutal dabei zugeht, dann läuft das Programm unter dem Titel »Forschungszweck«. Mitte des 19. Jahrhunderts, zu Zeiten von Herman Melville, hatte der Wal zumindest noch die Möglichkeit, sich zu wehren. Er war eine äußerst begehrte, weil lukrative Beute; aus einem achtzehn Meter langen Tier ließen sich vierundzwanzig Tonnen Tran gewinnen, anderthalb Tonnen Fischbein und etliches mehr. So wurde der Walfang zu einem bedeutenden Wirtschaftszweig. Eines der Zentren erstreckte sich zwischen New York und Boston. Der Gesamtumfang der nordostamerikanischen Walfängerflotte jener Zeit wird in den einschlägigen Unterlagen mit fast zweihunderttausend Bruttoregistertonnen angegeben.

Das ist einer der Hintergründe, vor denen der Roman *Moby Dick* spielt, die Geschichte von der Jagd des Kapitän Ahab und seiner Mannschaft auf den legendären weißen Pottwal, die mit der Vernichtung des Schiffes, der *Pequod*, endet.

Diese Jagd überlebt nur Ishmael, der Ich-Erzähler, der an Bord erfährt, dass es für seinen Kapitän um viel mehr als den üblichen kommerziellen Gewinn geht. Der Wal steht für die Mächte der Finsternis, für das Böse, den Tod – und gerade deshalb ist das Tier auch so mächtig. Und der Kapitän kämpft nicht nur gegen das Unheil schlechthin, er will auch ganz persönlich Rache nehmen, denn einmal schon hat dieser Wal sein Schiff zerstört.

Ein Abenteuerroman? Gewiss, das auch, aber eben nur *auch*. Denn Melville dehnt seinen Stoff, dehnt verschiedene historische Kämpfe zwischen Walen und Schiffsbesatzungen zu einem Zelt von biblischer Größe. Der Wal ist uns ja aus dem Alten Testament vertraut, viele Namen, wie der des Kapitäns, Ahab, oder des Erzählers, Ishmael, aber auch viele Konstellationen verweisen auf die Heilige Schrift. Und in manchen Passagen spricht der Kapitän höchstselbst wie einer der Propheten.

In anderen Passagen spricht er dagegen wie die Figur aus einem Stück von Shakespeare. Herman Melville war Autodidakt, systematisch gelernt hatte er nur das Handwerk des Matrosen, in allen anderen Lebensbereichen – und das schließt die Literatur ein – musste er sich seinen eigenen Weg suchen. Er tat das mit jenem schöpferischen Pragmatismus, den man manchen seiner erfolgreichen Landsleute nachsagt. Schlichter gesagt: Er vertiefte sich in die Literatur anderer Autoren, zeitgenössische wie verstorbene, ließ sich von ihnen inspirieren, probierte dieses und jenes aus und eignete sich an, was er für tauglich hielt.

Moby Dick ist viel mehr als nur eine machtvoll durchkomponierte Erzählung, angesiedelt in den Grenzgebieten von Wahrscheinlichkeit und Erfindung: Das Werk enthält auch anrührende Ausflüge in die spekulative Theologie, eingewobene Kleindramen, Erkundungen über Naturgeschichte, ausführliche Reflexionen über Politik und gesellschaftliche Schichtung, und und und … Es entsteht beim Lesen der Eindruck, der Autor Herman Melville habe den Stoff beim Schreiben zur Explosion gebracht, und es spricht für die Genialität, die erzählerische Sicherheit dieses Amerikaners, dass es sich dabei ohne Zweifel um eine kontrollierte Explosion handelte.

Heute preisen Leute, die gelehrt über Literatur reden, den Roman *Moby Dick* als einen Vorläufer des postmodernen Erzählens. Sie wollen damit vielleicht ihre Überraschung ausdrücken, dass ein Autor schon vor anderthalb Jahrhunderten mit einer Virtuosität und Unberechenbarkeit den Leser zu faszinieren vermochte, die wir erst heute glauben entwickelt zu haben.

Melville hätte eine solche Reaktion vielleicht erheitert. Dieser Spaß wäre ihm zu wünschen gewesen, denn so recht heiter war sein Leben nicht: Auf dem frühen Höhepunkt seiner Karriere hatte er die Tochter eines hochrangigen Juristen geheiratet; das brachte ein wenig finanzielle Sicherheit, denn der Schwiegervater griff, wie es so trefflich heißt, dem jungen Paar bisweilen hilfreich unter die Arme. Doch die Bestsellerautoren jener Zeit waren Nathaniel Hawthorne mit seinem *Scharlachroten Buchstaben* und Harriet Beecher-Stowe mit *Onkel Toms Hütte* – wir reden hier nur von Literatur, die diesen Namen verdient. *Moby Dick* kam zu Lebzeiten Melvilles nie über eine Auflage von dreitausend Exemplaren hinaus. Die Gesamtzahl der im 19. Jahrhundert verkauften Bücher des Autors liegt pathetisch niedrig. Das erstaunt auch deshalb ein wenig, weil die Werke überaus schnell nach ihrem Erscheinen in Fremdsprachen, etwa ins Deutsche, übertragen wurden.

Gut, es gab den Schwiegervater, der nicht nur vor dem Schlimmsten bewahrte, sondern generös unterstützte. Aber Melville war niemand, der den ihm Nahestehenden den Umgang besonders leicht machte. Schreiben ging ihm nicht leicht von der Hand, leichter fiel der Griff zur Flasche. Das war das eine Problem. Das andere lag in einem tiefen, allem Kenntnisstand zufolge religiös bedingten Gefühl für politische und soziale Ungerechtigkeiten. Gleichzeitig gestattete Melville aber weder sich noch seinen Mitmenschen und seinen Lesern die kleinste Illusion, dass es »einfache« Lösungen geben könnte. Er war ein, wie man gerne sagt, »unbehauster Mensch«, der schließlich ein unbefriedigendes Auskommen als Zollinspektor im Hafen von New York fand: Der einstmals kühne Matrose wurde im Herbst seines Lebens zum Hafenbeamten.

Zum Ende möchte ich noch jene Erzählung erwähnen, die Melville unmittelbar nach dem Erscheinen von *Moby Dick* veröffentlichte: Sie trägt den Titel *Bartleby the Scrivener*, auf Deutsch *Bartleby der Schreiber*. Wenn ich eben bei *Moby Dick* von einer literarischen Explosion gesprochen habe, so können wir bei *Bartleby* mit Fug und Recht von einer literarischen Implosion sprechen, vielleicht auch von einem schwarzen Loch.

Worum geht es? Ein Rechtsanwalt in New York berichtet von einem Schreiber, den er in seinem Büro angestellt hat, einem gewissenhaften, doch auch ein wenig eigenbrötlerischen Kerl namens Bartleby, der irgendwann einmal – es geht um einen schlichten Dienstvorgang – zu seinem Vorgesetzten sagt: »I would prefer not to!«, »Ich möchte lieber nicht!«

Er verweigert sich nicht einfach nur diesem Auftrag, er verweigert sich der ganzen Welt, fängt an, in seinem Büro zu leben, sehr bescheiden, doch ohne seiner Arbeit nachzugehen, lehnt alle Angebote ab, die ihn aus dieser Arbeitsstätte locken sollen: »I would prefer not to!«, »Ich möchte lieber nicht!«

Am Ende zieht der Rechtsanwalt aus seiner Kanzlei aus, die Nachmieter zeigen weniger Herz. Bartleby wird von der Polizei ins Gefängnis verbracht, verweigert dort die Nahrung, stirbt. Der Rechtsanwalt, der sich weiter um ihn zu kümmern versuchte, erfährt am Ende, dass sein ehemaliger Schreiber früher einmal bei der Post, in der Abteilung für nicht zustellbare Briefe gearbeitet hat.

Möchten Sie aber wirklich, liebe Leser, dass ich Ihnen dieses kleine Wunderwerk interpretatorisch zerlege? Etwa, indem ich Ihnen, statt Sie einfach zum Lesen anzuregen, verrate, dass Melville mit dieser Erzählung eine nicht unbeträchtliche Rolle als – Sie ahnen es – Vorläufer von Franz Kafka spielte? Auch autobiographisch möglicherweise: der junge Kafka in der Versicherungsanstalt, der alte Melville als Hafeninspektor. Wenn Sie gestatten, verehrte Leser: »Ich möchte lieber nicht.« Wirklich: »I would prefer not to!«

NIKOLAI GOGOL (1809–1852)

Der Revisor (1836) · Die toten Seelen (1842)

Am Ende seines Lebens begann der Schriftsteller ein strenges Fasten. Es waren die Tage vor dem Osterfest 1852, dem Osterfest nach dem russisch-orthodoxen Kalender. Er schrieb einen letzten Brief an seine Mutter, wandte sich noch einmal an einen Freund um Beistand, verbrannte darauf ein druckfertiges Manuskript, den zweiten Teil seines Hauptwerkes, machte bei der Auswahl der Papiere aber einen Fehler, hungerte weiter und starb eine Woche später. Nikolai Gogol war damals noch keine dreiundvierzig Jahre alt.

Wie oft haben wir von russischen Freunden die verstörende Aussage gehört: »Ihr könnt uns nicht verstehen! Wir sind Geschöpfe, die nur halb dem Westen, mit der anderen Hälfte unseres Wesens aber dem Osten zugeneigt sind. Wir sind Leidsuchende, Atheisten und Tiefgläubige, grausam und uns gleichzeitig vor Liebe verzehrend!« – »Schon gut«, antworten wir dann, »bitte, es reicht, so ungenau wollten wir das gar nicht wissen.«

Doch dieser Nikolai Wassiljewitsch Gogol, aufgewachsen als Sohn eines Gutsbesitzers in der ukrainischen Provinz, dieses wunderbare Wunderkind der absurden, der realistischen und auch der romantischen Erzählkunst, war tatsächlich eines jener Zauberwesen, die Gegensätze in ihrem Kopf vereinen konnten, die andere Köpfe schon früher gesprengt hätten. Wenn sie denn in diesen Köpfen je aufeinandergestoßen wären.

Nehmen wir den tollkühnen Lebensplan unseres Autors: Da wächst einer, in des Wortes traurigem Sinne, in der Provinz auf, die Einkünfte aus dem elterlichen Gut sind wahrlich eher schlecht als recht, aber auf dem Gymnasium macht man dem jungen Kerl Hoffnung, er könnte durch sein literarisches Talent die Familie aus den ärgsten finanziellen Verstrickungen erlösen. Der Schüler nimmt die Anregung ernst. Man übersetze sich das einmal in die Verhältnisse eines deutschen Romans von, sagen wir, Thomas Mann: Man stelle sich vor, dem jungen Hanno Buddenbrook wird von der Leitung seiner Schule in Lübeck empfohlen, sich der deutschen Theaterbühne, vielleicht auch dem Romanschreiben zuzuwenden, damit er in ein paar Jahren das elterliche Handelshaus wieder aus seiner bedenklichen finanziellen Schieflage befreien könne.

Nikolai Wassiljewitsch Gogol hält sich an den Rat, an die Ermutigungen seiner Lehrer, packt ein paar Gedichte, Entwürfe, Novellen ein und macht sich nach dem Schulexamen auf in die Hauptstadt, nach St. Petersburg. Klar, er bewirbt sich auch auf eine Stelle im Staatsdienst. Nun ja, das klappt nicht auf Anhieb, doch da sind ja noch die literarischen Werke, etwa *Hans Küchelgarten. Idylle in zwei Bildern.* Gut, er veröffentlicht das Buch unter einem Pseudonym, steuert auch zu den Druckkosten bei, aber dann, aber dann – aber dann

schlägt eine vernichtende Kritik zu, die das hoffnungs-
volle Werk in der Galle ihrer Tinte ertränkt.

Zum ersten und nicht zum letzten Mal verbrennt
Nikolai Gogol ein Manuskript – Literaturkritiker sind
schließlich eine wichtige Instanz, jedenfalls glauben sie
das – und macht sich davon. Er flieht mit dem Schiff
aus St. Petersburg nach Norddeutschland, nach Lübeck,
Travemünde und Hamburg. Eine äußerst unstete, auch
ungemütliche Reise, die ihn nach wenigen Wochen
wieder zurück nach St. Petersburg führt. So leicht gibt
sich ein Dichter nicht geschlagen.

Gogol ist jetzt gerade zwanzig Jahre alt, daher ist es
vielleicht sehr verfrüht, schon zu dieser Zeit nach Le-
bensmustern zu suchen. Aber je länger wir seinen Weg
verfolgen werden, den Weg eines der größten russischen
Schriftsteller, desto häufiger werden wir sehen, wie bi-
zarr dieses Leben immer wieder durch Fluchten, durch
überstürzte Aufbrüche, durch den subjektiven Zwang
zu Ortswechseln geprägt ist. »Flucht« ist dabei vielleicht
ein zu dramatisch aufgeheiztes Wort; schließlich scheint
Gogol auch beim Schreiben stets den Anreiz der Veränderung des Ortes gebraucht zu haben. Oder den
Trubel. Er selbst hat einmal davon berichtet, wie ihn
gerade im Speisesaal eines Wirtshauses, der erfüllt war
vom Grölen der Betrunkenen, von zweifelhaften Gerü-
chen aus der Küche, vom Klacken der Billardkugeln
aus dem Nebenraum eine schöpferische Ruhe über-
kam, die ihn gleich ein ganzes Kapitel jenes Werkes nie-
derschreiben ließ, das Gogols Ruhm begründen sollte:

Die toten Seelen.

Bevor wir einen Blick auf dieses Hauptwerk werfen, wollen wir uns noch kurz mit einigen der Besonderheiten beschäftigen, die zu seinem Entstehen führten. Da ist der ungemein scharfe Blick, den Gogol auf die Gesellschaft wirft, der er entstammt. Seine ersten Erfolge als Schriftsteller kann er mit Erzählungen feiern, in denen er von seiner Heimat, der Ukraine, berichtet. Gewiss verklärt Gogol diese Heimat, das auch, doch er ist nie süßlich romantisierend. Und wir dürfen gleichzeitig daran denken, dass sich in jenen Jahren überall in Europa die Neugier auf das Leben der Menschen abseits der vermeintlich zivilisierten Städte oder der Fürstenhöfe richtete. Man kann in diesem Zusammenhang mit einer nur geringen Übertreibung von einer literarischen Volkskunde sprechen, die Gogol betreibt. Anders aber als sonst vielfach üblich kommt es bei ihm nie zu Idealisierungen oder Verniedlichungen. Denn er lässt in den überraschendsten Momenten immer wieder mit großem Krach oder als schleichendes Gift das Übernatürliche, den Teufel, einen Spuk, einen Vampir die scheinbare ländliche Idylle aufmischen. Das vollführte Gogol mit derselben literarischen Geschmeidigkeit, derselben poetischen Nonchalance, mit der er einen silbernen Mond hinter den Wolken auftauchen ließ oder eine Lerche gefühlvoll zum Tirilieren brachte.

Dichter neigen bisweilen zur Verkennung ihrer eigenen Stärken, bei Gogol, einem exemplarischen Vertreter fatal falscher Selbsteinschätzung, führte das dazu, dass er sich plötzlich zum Historiker der Geschichte seines Landes berufen sah und über eine vielbändige Darstellung dieses Stoffes phantasierte. Es gelang ihm sogar, in St. Petersburg eine Professur zu ergattern, doch als Hochschullehrer muss er ein so klägliches Bild abgegeben haben, dass selbst enge Freunde an ihm zu zweifeln begannen. Den Lehrstuhl war er nach kürzester Zeit wieder los.

Diese Freunde zweifelten an den akademischen, doch keinesfalls an den literarischen Fähigkeiten des Schriftstellers. Ganz im Gegenteil. Bald nach Erscheinen von Gogols Novellen bekannte kein Geringerer als der zehn Jahre ältere Alexander Puschkin, der berühmte Alexander Puschkin, in einer Rezension, ein Bewunderer der Schriften des Landsmannes zu sein. Er wurde Gogols Förderer und ließ 1836 in seiner Zeitschrift *Sovremennik* eine Erzählung von ihm erscheinen, die nun mit einem Schlag alles sprengte, was bislang als Maßstab für Witz und Karikatur nicht nur in der russischen Literatur gegolten hatte. Die Erzählung trug den Titel *Nos*, auf Deutsch also *Die Nase*, und sie kündete von der Geburt der absurden Literatur. Sie beginnt … Nein, hier hilft keine schlichte Nacherzählung, in der ich vortrage, dass eines gewöhnlichen Tages eine Nase in einem Backwerk auftaucht, die auf selbstverständlich unerklärliche Weise dorthin geraten ist, die der neue Besitzer versucht, verschwinden zu lassen, die nach vielen atemberaubenden Volten wieder in das Gesicht ihres ursprünglichen Eigners zurückkehrt.

Auf diesen weniger als drei Dutzend Seiten erfährt man mehr über Russland in der ersten Hälfte des 19. Jahrhunderts, als man aus zahllosen Geschichtsbüchern je erfahren könnte. Man fühlt sich nach der Lektüre, als hätte man den Kopf, klar, mit der Nase voraus, in einen verwirrend fremd-vertraut duftenden Blumenstrauß gesteckt – und hat ganz nebenbei der Geburt einer raffinierten Erzähltradition beigewohnt, die fortan aus der europäischen Literaturgeschichte nicht mehr wegzudenken ist.

Unser Nikolai Wassiljewitsch Gogol selbst sah sich dagegen nicht als Neuerer, er sah sich vielmehr in der Nachfolge von Friedrich Schiller. Ausgerechnet von Friedrich Schiller, dem viel Rühmendes nachzusagen ist, nur: Als Schöpfer absurder Komik ist er bisher nicht gerade aufgefallen. Haben wir das nicht eben schon gesagt? Dichter neigen bisweilen zur Verkennung ihrer eigenen Stärken.

Noch ein zusätzlicher Rösselsprung muss hier erlaubt sein, bevor wir bei dem Roman, dem Poem *Die toten Seelen* angelangt sind: Ende 1835 schrieb Gogol – er steckte wieder in Geldnöten – eine Komödie. Sie trug den Namen *Der Revisor*, passierte, wie von Wunderhand geleitet, unbehelligt die Zensur und wurde im April 1836 uraufgeführt. Mit Erfolg! Selbst der Zar soll bei der Premiere Tränen gelacht haben, obwohl sich dieses Stück satirisch mit der Verwaltung in seinem Reich befasste. Es ist die Geschichte eines Hochstaplers, der sich als hochrangiger Beamter ausgibt und dem in dieser »falschen« Rolle in einer durch und durch verlogenen Welt – in diesem Fall die russische Provinz – alles Glück dieser Welt widerfährt.

Der Revisor war ein riesiger Theatererfolg, doch Gogol blieb Gogol, fühlte sich mithin missverstanden, floh nach Rom und schrieb dort jenen Roman, auf den wir jetzt endlich zu sprechen kommen können: *Die toten Seelen*. Beschrieben ist in ihm, wenn man so will, die Odyssee des durchaus durchschnittlichen Herrn Tschitschikow, eines Kreditbetrügers, der auf das setzt, was man heutzutage in den ehrbaren Kreisen unserer Börsianer »Junkbonds« nennt.

Leibeigene wurden damals in Russland von der staatlichen Verwaltung amtlich als »Seelen« geführt. Auf diese Seelen mussten Steuern entrichtet werden. Nun wurden diese Steuerregister erst nach einem langfristigen Rhythmus erneuert. Es konnte also einem Großgrundbesitzer geschehen, dass er für einen bereits verstorbenen Leibeigenen noch Jahre über dessen Tod hinaus Steuern zu zahlen hatte.

Hier setzt der Business-Plan von Tschitschikow ein: Er erwirbt für einen lächerlich geringen Preis die Namen verstorbener Leibeigener, »toter Seelen«, und überträgt sie in seine eigenen Geschäftsbücher. Die Gutsherren sind froh, die Toten losgeworden zu sein, schließlich mindert das ihre Steuern.

Tschitschikow wird durch diese toten Seelen zu einem scheinbar wohlhabenden Mann. In den Papieren, die er Banken für Kredite vorlegen würde, kann er schließlich den Besitz von Tausenden von Leibeigenen in der Rubrik »Haben« geltend machen; Totenscheine sind ja erst bei der nächsten Revision fällig.

Was für ein uns allen gerade in der westlichen Welt vertrautes Geschäftsmodell eines ehrbaren Kaufmanns. Doch für Gogol ging es naturgemäß um weit mehr: Ich habe oben *Die toten Seelen* als ein Gedicht vorgestellt. So steht das tatsächlich als Zusatz im Titel, und diesen Zusatz darf man nicht nur, wie es einige Historiker getan haben, als Konzession an die Zensur verstehen. Denn Gogols Absicht hatte nun tatsächlich darin bestanden, wie Dante in seiner *Göttlichen Komödie* ein Poem über Hölle, Fegefeuer und Paradies zu schreiben – alles erfahren auf einer Reise, die jener »sehr unbedeutende, sehr durchschnittliche« Herr Tschitschikow unternimmt.

Aber vielleicht lag in diesem Ansinnen doch auch Frevel? Frevel an Gott oder an Dante oder an Russland? Gogol war ein wunderlicher Kerl, einer, dem wir es gerne verzeihen, dass er auf die Gespaltenheit der russischen Seele hinwies. Am liebsten würde man ihn ans Herz drücken und sagen: »Du selbst musst deine Werke doch gar nicht verstehen. Es reicht doch, dass Puschkin, dass Thomas Mann, dass Nabokov, gut, dass wir dich für eine der herrlichsten Erscheinungen in der Weltliteratur halten.«

THEODOR FONTANE (1819–1898)

Effi Briest (1894/1895)

»Ohne Vermögen, ohne Familienanhang, ohne Schulung und Wissen, ohne robuste Gesundheit bin ich ins Leben getreten, mit nichts ausgerüstet als einem poetischen Talent und einer schlecht sitzenden Hose.«

Die Klage, die anrührende Klage ist bekanntlich des Dichters Gruß. Doch da dieses Zitat von Theodor Fontane stammt, dürfen wir getrost davon ausgehen, dass es sich um eine ironische Klage handelt. Fontane hätte zudem nie eine schlecht sitzende Hose getragen.

Henri Théodore bzw. Heinrich Theodor Fontane – im Taufbuch stehen beide Versionen des Vornamens – kam 1819 in Neuruppin in der Mark Brandenburg zur Welt und starb 1898 in Berlin. Die Familie entstammt französischen Hugenotten, daher der deutsch-französische Doppelklang, daher vermutlich auch ein Ohr, das nicht nur in die Mark Brandenburg hineinhorchte.

Fontanes Vater war Apotheker, der junge Fontane wird gleichfalls Apotheker. Ein wenig widerwillig, weil er eigentlich doch der Dichtung versprochen war, wie wir in seinen Memoiren lesen können. Doch die Frau Mama legte Wert auf das Seriöse, und da hatte die Literatur in Neuruppin einen schweren Stand gegen die Pharmazeutik. Aber man muss auch bedenken, dass die damaligen Apotheken keine Handelskette waren; es wurde dort tatsächlich noch Medizin gebraut oder gemörsert oder wie immer das zuging, wenn Arznei entstand. Das bedeutete, dass die Kunden oft warten mussten, und um ihnen das Warten zu verkürzen, legten die Apotheker die verschiedensten Zeitungen aus. Man darf sich also diese Orte auch als kleine Lese- und Diskussionsstätten vorstellen, wenn man so will, als einen kleinen Ersatz für das Kaffeehaus.

Man hatte auch Kontakt zu Giften. Wenn man davon träumte, dereinst einmal von den Meinungen, dem Schicksal und den Geschichten anderer Leute zu leben, war eine Apotheke gar nicht der allerschlechteste Ausgangspunkt. Es durfte nur nicht dabei bleiben. Andererseits, um es mit Fontanes eigenen Worten zu sagen: »Ein Apotheker, der anstatt von einer Apotheke von der Dichtkunst leben will, ist so ziemlich das Tollste, was es gibt.«

Also blieb Fontane bis zu seinem dreißigsten Lebensjahr nach bürgerlichen Begriffen »vernünftig«. Er schrieb und veröffentlichte zwar Artikel, Gedichte und auch eine Novelle, behielt aber stets das Standbein in der Apotheke – und zwar als Angestellter. Einen eigenen Laden konnte er sich nicht leisten, der Vater musste den Familienbetrieb wegen Spielschulden aufgeben.

Die dreißiger und vierziger Jahre des 19. Jahrhunderts in Deutschland werden von Historikern als die Zeit des Vormärz bezeichnet. Es ist die Epoche, die zu den revolutionären Aufständen im Frühjahr 1848 führte. Theodor Fontane wurde in diesen Jahren radikaler, publizierte fast aufrührerische Texte in der Presse, erwarb aber auch seine Approbation zum »Apotheker erster Klasse« – und heiratete. Die Auserwählte war eine begehrenswerte Frau, Emilie Rouanet-Kummer, die aber leider wenig, um nicht zu sagen gar nichts mit ausschweifenden literarischen Phantasien zu tun haben wollte und sich nach bürgerlicher, zumindest nach finanzieller Sicherheit sehnte. Ein Ehemann, der nachts Balladen dichtete, der seine Werke in einem berüchtigten, fast subversiven Berliner Sonntagsverein mit dem Namen »Tunnel über der Spree« vortrug, der sich später gar in Berlin an Barrikadenkämpfen beteiligte, wenn auch schwer vermummt, ein solcher Ehemann bot viel Anlass zu Kritik. In der Literaturgeschichte findet man über die Beziehung zwischen den Eheleuten daher bisweilen die gewiss überspitzte Bemerkung, so recht geliebt hätten die Fontanes einander nur im Briefverkehr.

Der Name des literarisch-politischen Berliner Zirkels, in dem Fontane seine Balladen zum Besten gab, der »Tunnel über der Spree«, war ein ironisch gemeinter Gruß nach London, wo gerade ein Tunnel *unter* der Themse gegraben wurde, eine Glanztat der Technik, der die Berliner nur ihren schon damals gefürchteten Witz entgegensetzen konnten. Doch dieser Zirkel schenkte Fontane und seinen Gedichten eine Aufmerksamkeit, eine Anerkennung, die ihm anderswo nicht so unbedingt entgegenschlug. Und hier fand er auch Freunde, die seine Liebe zu England teilten, jenem Reich der vergleichsweise freien Meinungsäußerung und der milden Ironie, der romantischen Hochmoore und der Gutshäuser, die man sonst nur in der Mark Brandenburg fand.

1845 hatte Fontane seine erste Reise nach England unternommen, sieben Jahre später die zweite. Zwischen 1855 und 1859 berichtete er als Korrespondent für die *Kreuz-Zeitung* aus London. Es sind gleichzeitig seine wichtigsten intellektuellen Lehrjahre, denn hier in London hat er auch die Muße, all das an Bildung nachzuholen, was er als angehender Apotheker hatte versäumen müssen.

Die *Kreuz-Zeitung* übrigens, dieses Organ der in Preußen Mächtigen, vertrat eine redaktionelle Linie, die man ohne Zimpern als reaktionär-konservativ bezeichnen kann. Sucht man nach einem radikalen Gegenbild zu den Begriffen »freie Meinungsäußerung« oder »milde Ironie«, landet man schnurstracks bei der von Otto von Bismarck mitbegründeten *Kreuz-Zeitung*.

Und schon stoßen wir wieder auf den Widerspruch zwischen Fontane, dem früheren Barrikadenkämpfer, dem Heißsporn, dem milden Ironiker, und jenem anderen Fontane, der sich stets auch in das Format des gesetzten bürgerlichen Familienvaters hineinzwängen will. Es bleibt dies in den oft zitierten Worten unseres Autors: »ein weites Feld«.

Literarisch fand Fontane einen Ausgleich, indem er eine Form wählte, die sich in jenen Jahren im Buch-

und Verlagswesen steigender Beliebtheit erfreute: die Reisebeschreibung. Es war die glückliche Zeit, als die Menschen zu ihrer Bildung und Zerstreuung noch lesend reisten, anstatt sich ungebildet und in bedrückender Zahl auf den Weg in die Ferne zu machen.

Fontane schrieb über seine Wanderungen durch England und durch Schottland und dann, näher noch am Herzen der Leser in der preußischen Heimat, über seine Wanderungen durch die Mark Brandenburg, die Grafschaft Ruppin, das Oderland, das Havelland und das Spreeland. Später widmet er sich auch den Schlössern seiner Heimat.

Bemerkenswert an diesen Beschreibungen ist nicht nur ihre Qualität als Reiseführer für den Besucher aus der Fremde, nein, diese niedergeschriebenen Wanderungen verhalfen den verschlafenen Regionen, besser gesagt, deren Bewohnern zu so etwas wie einer historischen Identität, die direkt in die Gegenwart führte. Eine Dorfkirche, ein Wäldchen, ein Marktplatz stehen eben anders da, wenn sie eine Geschichte erhalten haben. Einer der großen Bewunderer Theodor Fontanes, der Kollege Thomas Mann, hätte hier gesagt: »Geschichte putzt!«

Für einen anderen Strang der literarischen Karriere Fontanes sorgte Bismarck mit seinen Kriegen um die deutsche Einheit. Die Schlachten der Preußen gegen die Dänen, gegen die Österreicher, gegen die Franzosen begleitete der Schriftsteller als Chronist und Kriegsberichterstatter für Zeitungen. Das war beschwerlich, das war nicht ungefährlich, und so wie seine Arbeitgeber die Aufgabe erledigt haben wollten, waren damit auch keine größeren künstlerischen Meriten zu verdienen. Brotarbeit, für die man auch noch als Spion verhaftet werden konnte.

1870 verließ Fontane die strenge *Kreuz-Zeitung* und wurde Theaterkritiker bei der halbwegs liberalen *Vossischen Zeitung*. Ein früherer Apotheker, der in London Korrespondent gewesen war, die Mark Brandenburg mit literarischem Glanz versehen hatte, über Kriege und über Theateraufführungen berichtet hatte, ein Mann von jetzt fast sechzig Jahren, für den Schreiben die Welt bedeutete, was hatte der für eine Zukunft?

Klar, er konnte nur noch Romancier werden: der große Fontane, der Autor von *Effi Briest*, *Die Poggenpuhls*, *Frau Jenny Treibel*, *Der Stechlin* und von mehreren Kriminalromanen. Das schöpferische Glück kam spät in Fontanes Leben, aber dann kam es mit aller Macht. Und so ist er, neben vielem anderen, auch eine Hoffnung für Menschen, die den sechzigsten Geburtstag noch vor sich haben.

Am bekanntesten wurde *Effi Briest*, der Roman, der 1894/95 in zwei Teilen erschien: die Geschichte einer unglücklichen Ehebrecherin, eben jener Effi, die auf Wunsch der Eltern und ein wenig auch, weil sich ihr keine Alternative bietet, den wesentlich älteren Baron von Instetten heiratet. Dieser Baron ist nicht gerade die Erfüllung romantischer Mädchenträume, daher beginnt Effi, die Ehefrau und Mutter einer Tochter, eine kleine

Affäre mit dem Major von Crampas. Eine kleine Affäre, nichts Wildes, wie Anna Karenina. Als ihr Mann nach Berlin versetzt wird, somit die Trennung von dem Major ansteht, wirkt Effi fast erleichtert.

Jahre später findet Baron von Instetten zufällig einige der Liebesbriefe, die Major von Crampas damals an Effi geschrieben und die zu vernichten Effi nicht die Klugheit hatte. Wie gesagt, die Affäre ist längst bedeutungslose Geschichte, doch der Baron reagiert, wenn auch widerwillig, wie es sein Stand gebietet, er fordert den Major zu einem Duell, bei dem dieser ums Leben kommt.

Der nächste Schritt, den die Konvention vom Baron verlangt, ist die Scheidung von Effi, die Trennung von Mutter und Kind, der Ausschluss der Ehefrau aus der Gesellschaft. Effi verliert lange Zeit auch die Unterstützung ihrer Eltern. Einmal noch darf sie ihre Tochter sehen, doch das Kind ist gegen sie eingenommen. Effi erkrankt schwer und stirbt. Aber der Standesehre ist Genüge getan worden.

Theodor Fontane griff in seinen Romanen häufig auf Geschichten »aus dem wirklichen Leben« zurück. Es hat diesen Fall tatsächlich gegeben, man hat mittlerweile die Familie identifiziert und weiß auch, dass die Person, die das Vorbild für Effi Briest abgab, keineswegs an gebrochenem Herzen, sondern mehr als siebzig Jahre nach ihrer »Verfehlung« an Altersschwäche starb.

Dass Fontane sie literarisch weitaus früher mit dem Tode bestraft, hat bei diesem Schriftsteller Methode:

Wo ein Unrecht geschehen ist, meldet sich das tragische Schicksal. In der Erzählung *Grete Minde* kommt die Brandstifterin selber in den Flammen um, der Bösewicht im Roman *Unterm Birnbaum* erstickt elendiglich neben seinem Opfer im Kellergewölbe.

Natürlich ist Fontane ein viel zu begnadeter Erzähler, um auf den Effekt eines »Deus ex machina«, einer gottgesandten Intervention, bauen zu müssen. Was ihm vielmehr vorschwebte, war die Darstellung einer Art tragischer Aura, die den Schuldigen nicht verlässt, die Teil seiner Person ist und ihm schließlich – ganz unabhängig von der irdischen Gerechtigkeit – zum Verhängnis wird.

Worum es also auch bei *Effi Briest* am allerwenigsten ging, war die Aufrechterhaltung der preußischen Moralordnung durch den Fingerzeig auf das böse Schicksal derer, die gegen sie verstießen. Das merkten auch die Leser, die sich schnell um dieses Buch rissen, so dass es im ersten Jahr gleich zu fünf Auflagen kam. Das merkte auch die konservative Presse, die dem Autor »Anstiftung zu bodenloser Unmoral« vorwarf. Man gab sich die Ehre, empört zu sein, und lenkte dabei dankenswerterweise die Aufmerksamkeit erst recht auf ein Werk, das sich noch heute so taufrisch liest wie vor hundert Jahren – und wohl auch deswegen immer wieder verfilmt wird.

Das Publikum empörte sich über die vermeintliche Unzucht, Kritiker empfahlen, *Effi Briest* von Jugendlichen fernzuhalten. Fontane reagierte mit gelassenem

Hintersinn. Er schrieb: »Natürlich darf eine Literatur nicht auf dem Geschmack ganz, ganz alter Herren aufgebaut werden. Aber so nebenher geht es.«

WOLFRAM VON ESCHENBACH
(UM 1170–UM 1220)

Parzival (1200–1210)

Die Kontrahenten stehen in ihrem ritterlichen Gewand bereit. Auf der Wartburg wird der Sängerkrieg ausgetragen. Der König gibt dem Knappen ein Zeichen, und der Knappe singt mit glockenheller Stimme: »Wolfram von Eschenbach, beginne!«

So trägt sich der Vorgang in Richard Wagners Oper *Tannhäuser* zu. Und dann tritt eben jener Wolfram von Eschenbach auf und preist die Liebe. Nicht die Wollust, das macht Tannhäuser, nein, die reine, gleichsam die verklärte Liebe, die höfische Minne.

Das ist natürlich alles erfunden, erfunden Mitte des 19. Jahrhunderts, als das europäische und gerade das deutsche Mittelalter von vielen Künstlern der Romantik in ein neues, ein verklärendes Licht gerückt wurde.

Wahr daran ist jedoch, dass es eine Lichtfigur in der Dichtung des späten 12., frühen 13. Jahrhunderts gab, einen Mann, der – wohl nach seinem Geburtsort im Fränkischen – Wolfram von Eschenbach genannt wurde und der mit seinem Versroman *Parzival*, geschrieben in paarweise gereimten Versen auf Mittelhochdeutsch, die berühmteste Dichtung des Mittelalters schuf.

Naturgemäß wusste das Mittelalter damals noch nicht, dass es das Mittelalter war, diese Bezeichnung wurde der Periode erst im Nachhinein verliehen – und der

Name war spöttisch, abwertend gemeint. Mittelalter, das war die Zeit, in der sich die Zivilisation am weitesten von den Idealen der klassischen Vorbilder Griechenland und Rom entfernt hatte, Mittelalter, das waren dumpfe Christlichkeit, finstere Dogmatik, runtergezogene Visiere, Wunderglaube, starre Konventionen, Kreuzzüge, kurz, es waren die »dark ages«, die »finsteren Zeiten«.

Wie bei allen Einschätzungen, Bewertungen, Vorurteilen sind hier Wahrheiten mit Unwahrheiten locker durchmischt. Und gerade an der Erzählung *Parzival* lässt sich augenfällig demonstrieren, was nun die Paukböden waren, auf denen die Kultur des Mittelalters spielte.

Doch wir sollten zunächst einen kurzen Blick auf den Autor werfen. Ich sage bewusst »kurzen Blick«, denn viel werden wir auch bei längerem Hinsehen nicht herausbekommen, dazu fehlen verlässliche Quellen.

Verbürgt ist, dass er um 1170 in dem Ort Eschenbach, das liegt in der Nähe von Ansbach, geboren wurde, dass er, wie man so sagt, »von ritterlichem Stande«, mithin ein Adeliger war, dass er verheiratet und Vater einer Tochter war. Der Geburtsort nennt sich, um alle Zweifel gleich aus dem Weg zu räumen, Wolframs-Eschenbach, doch das erst seit 1917, siebenhundert Jahre nach dem Tod des Dichters.

Aber das soll die Glaubwürdigkeit der Ortsangabe nicht erschüttern. Aus seinen Werken lassen sich durch

Rückschlüsse Beziehungen zu hohen Adeligen der fränkisch-thüringischen Umgebung ziehen. Kühn, doch nicht zu kühn ist die Behauptung, dass der 5. Teil des *Parzival* auf dem Burgsitz Wildenberg vollendet wurde. Das wäre eine Anspielung auf die Gralsburg im *Parzival*, die – ich transponiere das jetzt schnell – in dem Versepos französisiert als »Mont Sauvage« auftaucht.

Wolfram von Eschenbach soll sich manchmal als ungebildet dargestellt haben, damit hat er gewiss kokettiert. Den Begriff »Fremdsprachen« gab es damals noch nicht, weil keine Sprache so recht »eigen« oder »fremd« war. Aber es darf kein Zweifel daran bestehen, dass Wolfram, der nun auch ein wandernder Sänger war, sich im Lateinischen auskannte und im Französischen, vom Fränkischen haben wir bereits geredet.

Heute würden wir sagen: Er gab gern den kleinen Mann, den aus dem Volke. Der auch einmal – man gestatte mir die Redewendung aus seiner Heimat – einen Furz grade schießen lassen kann. Der einen Spaß versteht und weitergibt. Der gleichzeitig mit seiner Belesenheit und seiner Ignoranz prahlt. Und sich dabei naturgemäß auch in den einen oder anderen Widerspruch verstrickt.

Es ist also kein leicht verdientes Brot, das am Ende eines wissenschaftlichen Tages dem aufgetischt wird, der sich der Erforschung dieser Fragen akademisch widmet. Die meisten, die verlässlichsten Hinweise liefert Wolfram selbst in seinen Texten. Aber schauen wir

uns die Geschichte des Ritters Parzival in ihren Grund-
zügen an – und zwar so, wie sie bei Wolfram steht.

Die erste Figur der Erzählung ist Parzivals Vater Gah-
muret. Er ist in den Orient gezogen und hat dort die
schöne schwarze Königin Belakane geheiratet. Aus verschiedenen Gründen ist dieser Verbindung kein Glück
beschieden. Der Vater macht sich heimlich aus dem
Staub und lässt dabei nicht nur die Gattin, sondern auch
den gemeinsamen Sohn Feirefiz zurück, der schwarzweiß gescheckt auf die Welt kam. Der Vater kehrt in den
Westen zurück und heiratet erneut, diesmal die Schwester des Gralskönigs Amfortas, die schöne Herzeloyde.
Mit ihr zeugt er Parzival, doch bevor der Bub auf die
Welt kommt, wird sein Vater im Kampf getötet.

Herzeloyde will ihren Sohn vor dem Ritterleben
und seinen tödlichen Gefahren schützen. So zieht sie
ihn in der Wildnis auf, sozusagen abseits der Zivilisation, wenn man die Ritterwelt als solche bezeichnen
kann. Das hilft jedoch alles nichts, denn der Junge begegnet drei Kriegern, die ihm vom großen König Artus
erzählen.

Der Mutter bricht es das Herz, als der Sohn ihr erklärt, er wolle jetzt auch Ritter werden. Ungerührt von
ihrer Bestürzung macht sich Parzival auf den Weg zur
berühmten Tafelrunde der Ritter um den legendären
König Artus. Kein leichtes Unterfangen, doch Parzival
gelangt schließlich an sein Ziel.

Natürlich wird er am Artushof zunächst verlacht,
Parzival, der Naseweis von nirgendwoher. Doch er

beißt sich durch, tötet einen feindlichen, vermeintlich turmhoch überlegenen Ritter, von dem sich später herausstellt, dass es sich um einen Verwandten handelte. Er übernimmt dessen Rüstung – und wird von nun an höfisch erzogen. Dazu gehört, dass er einer edlen Dame in ihrer Not beistehen muss, in seinem Fall der wunderschönen Königin Condwiramurs. Parzival rettet sie, danach wird geheiratet. Doch unseren Helden, der jetzt zur Tafelrunde gehört, hält es nicht daheim, er will zurück in den Kampf und gerät nun – das ist der zweite Höhepunkt der Geschichte – an den Hof, an dem das Fest des Heiligen Grals gefeiert wird. Es ist der Hof von König Amfortas, Parzivals Onkel, dem Bruder seiner Mutter Herzeloyde.

König Amfortas ist krank und kann von seinem Leiden nur befreit werden, wenn ihn ein, sagen wir, schlichter Mensch nach seiner Gesundheit fragt und ihm damit Mitleid entgegenbringt. Die germanistische Fachwelt spricht hier von der »Erlösungsfrage«.

Davon weiß der schlichte Mensch aber nichts, er ist eben schlicht, somit unterbleibt der Ausdruck des Mitgefühls. Von dieser schmählichen Unterlassung erfährt Parzival, als er die geheimnisvolle Burg verlassen hat, und zwar von zwei weiblichen Wesen. Am deutlichsten spricht die finstere, die hexenhafte, nur für Liebhaber verlockende Gralsbotin Cundrie das Versäumnis an. Sie verflucht den jungen Kerl ob seiner Einfalt und Tumbheit. Parzival begreift, dass er als Retter versagt hat, sucht jedoch, Held der er nun einmal ist, die

Schuld nicht bei sich, sondern verflucht nun seinerseits Gott.

Die Sehnsucht nach der Ritterrunde bleibt. Mehr als vier Jahre lang wird Parzival versuchen, die geheimnisvoll versteckte Gralsburg wiederzufinden. Währenddessen erfahren wir, die Leser, von einer anderen Burg, einer finsteren Gegenwelt. Es handelt sich um des Königs Klingsors Zauberschloss, ein mehr als fragwürdiges Paradies, in dem die eher niederen menschlichen Triebe ein Zuhause gefunden haben. Gawein, einem Mitglied der Tafelrunde um König Artus, gelingt es, den Zauber dieser Burg zu zerstören. Die Tat wird belohnt und gefeiert. Doch dann, durch ein Versehen, das nur durch das Tragen von geschlossenen Visieren erklärbar ist, hätte der Bezwinger des Zauberschlosses fast seinen Tafelbruder Parzival in ein tödliches Gefecht verwickelt.

Wir überspringen jetzt ein paar Tausend Verse, nicht leichtfertig, nur um die Konzentration zu wahren, und rufen den Schluss des Versromans ins Gedächtnis: Parzival trifft auf einen vermeintlich Fremden, der in Wirklichkeit aber sein Halbbruder Feirefiz ist, der schwarzweiß gescheckte Sohn, den Parzivals Vater mit der dunkelhäutigen Königin Belakane gezeugt hatte. Die beiden Brüder betreten den Artushof und treffen dort auf die hexenhafte, ein böses Tag- und ein verlockendes Nachtgesicht tragende Cundrie. Sie verkündet Parzival, er erhalte eine neue Chance, den Gralskönig durch eine mitleidige Frage von seinem Leiden zu befreien

und damit nicht nur ein Werk der Erlösung zu voll-
bringen, sondern, mehr noch, Amfortas' Nachfolger zu
werden.

Im populären Roman würden wir sagen: Ab jetzt
überschlagen sich die Ereignisse. Aber *Parzival* war für
die Zeit – und für fast alle Jahrhunderte danach – ein
populärer Roman, also gestatten wir den Ereignissen
ihr Fest. Also: Amfortas wird endlich von seinem Leiden geheilt, und Parzival wird später sein Nachfolger als
Gralskönig werden. Parzivals Frau Condwiramurs, die
Dame, die bedrohte Königin, die er aus höchster Not
gerettet hat, wird wieder mit ihrem Mann zusammen-
geführt. Der Halbbruder lässt sich taufen und geht mit
seiner Braut zurück in den Orient. Parzival schaut voller Glück auf seinen Sohn, einen Bub mit dem seltenen
Namen Lohengrin, der uns, das kann man nicht ausschließen, irgendwann einmal wiederbegegnen wird.
Vielleicht sogar in einer Oper. Gut möglich, dass wieder Richard Wagner die Hände im Spiel gehabt haben
wird. Wir haben ja bereits darauf hingewiesen, die
deutschen Romantiker liebten das deutsche Mittelalter.

Es ist unter Germanisten, unter Spezialisten für die
Literatur des Mittelalters noch immer umstritten, ob
Wolfram von Eschenbach den Stoff dieses Versepos
ganz aus sich heraus schuf oder sich von anderen Werken seiner Zeit anregen ließ. Gerade die Gralserzäh-
lung, also die Geschichte vom kostbaren, Glück, Weis-
heit und Unsterblichkeit verheißenden Kelch mit dem
Blut Christi – manchmal ist es auch eine Schale oder

ein Stein –, der von Rittern in einer abgeschiedenen Burg bewacht wird, taucht in mehreren Legenden der damaligen Zeit auf.

Den Streit um die Urheberschaft mögen andere ausfechten. Dass es sich allerdings um einen populären Stoff handelt, ist schon daran erkenntlich, dass er bis auf den heutigen Tag seine Leser und vielleicht mehr noch seine Zuschauer und Hörer findet – ganz zu schweigen von den Weiterverwertern.

Wir haben darauf hingewiesen, dass wir nichts wirklich Brauchbares über die historische Figur des Wolfram von Eschenbach wissen. Aber wenn man den *Parzival* liest und sich dazu sozusagen einen schriftstellernden Kollegen vorstellt, dann erscheint dieser alles andere als eine strenge, mittelalterlich asketische Figur. Als Erzähler springt er ständig und mit offensichtlichem Behagen ins Bild, er stellt uns Fragen, lenkt uns scheinbar ab, nimmt uns dann wieder an die Hand. Witzen geht er nie aus dem Weg, und so recht prüde kommt er auch nicht daher. Im *Parzival* zumindest zeigt sich das Mittelalter gewiss nicht von seiner finsteren Seite.

DANTE ALIGHIERI (1265–1321)

Die Göttliche Komödie
(entstanden 1307–1321, erschienen 1472)

In diesem Kapitel geht es um eine Komödie aus dem frühen 14. Jahrhundert, vielleicht das berühmteste Werk, das den Namen »Komödie« trägt. Doch keine Sorge, sehr heiter wird es nur ausnahmsweise zugehen in diesem Epos über die Läuterung einer wandernden Seele, bei dieser Wanderung durch die drei Reiche des Jenseits – die Hölle, das Fegefeuer und das Paradies.

Eine merkwürdige Komödie, in der Tat. Doch der Autor, jene alle anderen Dichter vor und nach ihm überragende Lichtgestalt der italienischen Literatur, Dante Alighieri, nannte sein Werk eine Komödie, weil, wie er sagte, »es furchtbar und hässlich beginnt und mit dem Schönen und Wünschenswerten endet«. So ähnlich hatte es früher Aristoteles definiert. Und »Komödie« sollte das Gedicht auch heißen, weil es im angeblich leichten Stil, im »anspruchslosen« *(volgare illustre)* Italienisch verfasst war.

Andere Werke hat Dante im »anspruchsvollen« Latein geschrieben. Latein, das war das Medium, in dem man Botschaften an andere Gelehrte versandte. Mit der *Comedia* wandte sich Dante an das Volk – und erhob dabei das Italienische in den Stand einer Literatursprache.

Auch die poetische Form, die der Dichter wählte, greift volkstümliche Vorbilder auf: Dante schrieb das

Werk in Terzinen, in Dreizeilern. In diesem Versmaß entstanden im Mittelalter Auftragswerke, mit denen fahrende Sänger, Spielmannsleute betraut wurden.

Der Auftraggeber Dantes, der fiktive Auftraggeber, sollten wir hinzufügen, war eine Frau, die ihm, so stellt es *Die Göttliche Komödie* dar, erstmals begegnete, als die beiden neun Jahre alt waren. Sie hieß Beatrice, und neun Jahre später erwiderte sie erstmals seinen Gruß. Darauf entflammte die reine, die keusche, die ideale Liebe in Dante und er versprach Beatrice, ihren Namen dereinst in der Dichtkunst zu verewigen.

Wir könnten an dieser Stelle gleich auf das Biographische eingehen, doch vorher müssen wir noch über Zahlen reden. Neun Jahre waren Dante und Beatrice alt, als sie einander erstmals erblickten, neun Jahre später kam es zum ersten Gruß. Achten müssen wir hier auf die Zahl Drei, die ja auch als Wurzel in der Zahl Neun steckt. Diese Drei ist für *Die Göttliche Komödie* die Ordnungszahl schlechthin. Drei, wie in Dreifaltigkeit, Drei wie die Anzahl der Reiche, in die dem Christentum zufolge die Seele nach dem Tod gelangen kann: Hölle, Vorhölle und Himmel – Inferno, Purgatorium und Paradies.

Also ist Dantes Versepos auch in *drei* Bücher aufgeteilt, deren jedes aus 33 Gesängen besteht, wodurch man in der Summe auf 99 »Canti« kommt. Ihnen wird noch ein Eingangsgesang vorausgestellt, auch Hundert gilt als eine vollkommene Zahl. Dass die einzelnen Strophen aus drei sich in abwechselnden Formen reimenden Versen (aba/bcb/cdc) zusammensetzen, haben wir schon erwähnt.

Zeigt sich hier eine Zahlenbesessenheit, eine Zahlenmagie? Vielleicht auch, doch das steckt, wenn ich so sagen darf, im Geist der Zeit: Es geht um die Darstellung eines Kosmos, die eine – auch numerische – Entsprechung zwischen himmlischer Ordnung und irdischen Verhältnissen widerspiegelt. So ist das ganze Gedicht wie ein großer architektonischer Entwurf gestaltet: Das Inferno umfasst neun Höllenkreise, das Purgatorium und das Paradies sind ebenfalls in je neun Räumen untergebracht – klare Zahlen treffen klare Unterscheidungen. In Gottes Schöpfung herrscht Ordnung, und diese Ordnung hat auch eine strenge mathematische Dimension.

Dante Alighieri war also neun Jahre alt, als er der wunderschönen Beatrice begegnete. Das ist biographisch nicht gesichert, muss aber schon aus Gründen der Poesie so gewesen sein. Was wir sonst von seinem Leben wissen, ist höflich nur als »fragmentarisch« zu bezeichnen. Verbürgt ist immerhin, dass seine Familie, die Alighieri, zu den ältesten Geschlechtern von Florenz gehörte; ein Vorfahr hatte an einem Kreuzzug teilgenommen. Dantes Mutter war bald nach seiner Geburt gestorben, der Vater hatte danach noch einmal geheiratet; das geht aus Urkunden hervor. Belegt ist auch, dass sich der Staatssekretär der Republik Florenz persönlich um die Ausbildung des jungen Mannes kümmerte. Wahrscheinlich riet er ihm zur Vertiefung seiner philosophischen

und juristischen Kenntnisse, doch Dantes Sinn scheint
schon früh nach den Künsten gestanden zu haben. Seine Helden waren die französischen Troubadoure – daher wohl auch das Versmaß, von dem die Rede war –,
und seine Freunde waren Dichter und Maler, Giotto
zum Beispiel.

Ein nur den Künsten zugewandter, lebenslustiger
Poet? Nicht ganz. Dante war auch ein Bürger seiner
Stadt Florenz, ein, wenn man so will, *wehrhafter* Bürger.
Das führte zu seinem Verhängnis – nicht als Dichter,
sondern als Bürger. 1289, da ist er vierundzwanzig Jahre
alt, stürzt er sich in die Schlacht bei Campaldino. Ein-
zelheiten sind in entsprechenden Fachstudien nachzulesen, hier wollen wir nur festhalten, dass es im Floren-
tiner Bürgertum jener Zeit zwei sich bis aufs Messer
bekämpfende Parteien gab. Politisch war es nicht nur
eine Auseinandersetzung auf lokaler Ebene, es war auch
ein Streit um die Macht des Papsttums. Ein wenig
überspitzt gesagt, stand Dante damals auf der Seite jener Fraktion, die es für besser hielt, das Religiöse vom
Weltlichen zu trennen. Er setzte sich dafür auch in einigen seiner Schriften ein. Sie wurden konsequenterwei-
se auf den Index verbotener Bücher gesetzt und, ich
glaube, erst 1880, also ein halbes Jahrtausend später,
wieder von diesem Makel befreit. Zum Glanz der katholischen Kirche gehört ja auch ihr Beharrungsver-
mögen.

Dante durfte noch mit dem Papst verhandeln, doch
der Papst entschied sich gegen ihn. Der Dichter wurde

1302 in Abwesenheit zum Tode verurteilt. Er musste fliehen, sein Vermögen wurde konfisziert, die Familie blieb in bitterer Armut zurück. Es folgte ein unstetes Wanderleben. Dante fand Zuflucht und Schutz in der einen oder anderen Stadt im Norden des Landes und kam schließlich nach Ravenna, wo er 1321 starb. Das war auch das Jahr, in dem er den letzten Vers seiner 1307 begonnenen *Göttlichen Komödie* vollendet hatte.

Und die himmlisch schöne Beatrice, gab es die denn wirklich? Generationen von Lesern (und Philologen) haben sich gefragt, ob es sich bei dem jungen Mädchen nicht um so etwas wie einen künstlerischen Entwurf, eine Allegorie, ein verklärtes Wunschbild handelte. Aber: Es gab sie wirklich, die Angebetete. Sie hieß nicht direkt Beatrice, sie hieß Bice, und sie war die Tochter eines Nachbarn der Alighieri, des nicht unvermögenden Folco Portinari. Da Dante sie nur platonisch verehrte, heiratete Beatrice einen anderen, auch dafür gibt es Dokumente, der Glückliche hieß Simone de'Bardi. Doch dem Glück war keine Dauer beschieden, Beatrice starb im Alter von vierundzwanzig Jahren. Unsterblich wurde sie, schon aus literarischen Gründen, durch ihren Verehrer, durch eben jenen Dante Alighieri und seine *Comedia*.

So bruchstückhaft unsere Kenntnisse der historisch nachweisbaren Lebensumstände Dantes auch sein mögen, aus der *Göttlichen Komödie* können wir erkennen, dass seine Bildung sich nicht nur auf dem höchsten Stand der Gelehrsamkeit seiner Zeit bewegte, sondern dass er auch über die Weltläufe, sagen wir es genauer, die Machtspiele seiner Epoche bestens informiert war. Wie auch nicht? Er war ja, gerade als Verlierer gegen die mächtige Kirche, tief in sie verstrickt. Erlösung lag einzig in der Poesie. Die Poesie als Mittel der Reflexion – aber auch, wie wir sehen werden, der Abrechnung. Und damit zur Handlung der *Göttlichen Komödie*:

Ihr Held, ein empfindsamer, oft schwermütiger Ich-Erzähler, tritt eine Wanderung ins Jenseits an, verirrt sich aber bald in einem wilden oder, wie er schreibt, »harten und gedrängten« Wald und begegnet in der Morgensonne des Karfreitags – wir schreiben das Jahr 1300 – auf dem Weg zu den leuchtenden Bergen der Tugend drei gefährlichen Tieren: dem Panther, dem Sinnbild der fleischlichen Begierde, dem Löwen, Symbol des Hochmuts, und der Wölfin, Verkörperung der Habgier.

Diese drei gefährlichen Tiere zwingen ihn in ein finsteres Tal, der Erzähler glaubt sich verloren, doch er trifft auf seinen Retter, auf Vergil, den römischen Dichter, der ihm verspricht, ihn sicher durch die Reiche des Jenseits zu führen. Gut, den Himmel darf er, darf der Reiseführer Vergil nicht betreten, als Römer ist er schließlich nicht getauft, nicht im Stande der Gnade. Doch durch das Purgatorium, das Fegefeuer, wird er seinen Schützling begleiten können und auch durch das Inferno, die Hölle. An der Schwelle zum Paradies soll ihn dafür die verehrte, die unlängst verstorbene Beatrice empfangen. Das wird sie auch tun, allerdings erst

nach einigen nachdrücklichen Mahnungen der Gottes-
mutter.

Es wird eine Wanderung zunächst durch den gewaltigen Kosmos menschlicher Verfehlungen, personifi-
ziert durch historische Gestalten, die für alle Verbrechen,
Irrtümer und Sünden stehen, die auf Erden je begangen
wurden. Unser Held, der Wanderer, begegnet Figuren
aus dem Alten und dem Neuen Testament, aus der griechischen und der römischen Mythologie, doch auch
Philosophen der Antike, hoch- und demütigen Denkern,
und er trifft auch Personen der − von ihm aus betrachtet − jüngeren und jüngsten Geschichte, Widersacher,
die für sein persönliches Schicksal verantwortlich sind.

Ein vertriebener, entrechteter Dichter kann immerhin poetische Gerechtigkeit obwalten lassen. Und das
scheint in nicht wenigen Passagen durchaus lustbesetzt.
Der Leser spürt förmlich das ganz und gar nicht
klammheimliche Vergnügen, das Dante überkommen
haben muss, als er bei der Schilderung der hochnot-
peinlichen Verfahren der göttlichen Justiz ins Detail gehen und seinen Gegnern zeigen konnte, was sie erwar-
tet, wenn sie in Hölle oder Fegefeuer in siedenden
Töpfen und auf glühenden Eisenplatten landen, wenn
sie in Rauchkammern für ihre Missetaten büßen müssen, weil sie Verrat, Völlerei, Blasphemie, Ehebruch oder
Mord begangen haben, weil sie zu gierig, zu geizig, zu
geil waren, kurz, weil sie völlig zu Recht in jene miss-
liche Lage geraten sind, in welcher der Dichter sie auf
seiner Wanderung antrifft.

Ich will, verehrte Leser, nicht ausplaudern, was Ihnen, nein nicht Ihnen, nur Ihren sündigen Nachbarn bevorsteht, die auf dem möglichen Weg zum Heil ins Straucheln gerieten. Kein Horrorfilm wird sie auf die Schrecknisse vorbereitet haben.

Ich muss allerdings gestehen, dass es im Himmel, jedenfalls wenn wir uns an Dante halten, vergleichsweise undramatisch zugeht. Mit Beatrice können Sie, sollte das Geschick Sie dort zusammenführen, über die wahre Natur von Mondflecken disputieren und viele andere scholastische Probleme lösen, die Sie vielleicht, vielleicht aber auch nicht so lange um den Schlaf gebracht haben. Und wenn Sie dort oben auch Dante begegnen, bietet sich eine gemeinsame Erfahrung der Dreifaltigkeit an.

Aristoteles, wir haben ihn anfangs erwähnt, redete einmal von der »Schwarzgemischtheit« der dichterischen Seele. Der Hades, mithin die Hölle, sei ein dankbares Feld ihrer Kunst, der Himmel gerate gerne blass. Das darf man Dante nicht vorwerfen, denn das kann im göttlichen Schöpfungsplan so beschlossen sein.

Sophokles (um 497/496–406/405 v. Chr.)

Antigone (442)

Die erste Szene spielt in Theben. Es ist früh, vor Morgenanbruch, zwei Frauen treffen sich vor dem Portal des Königspalastes in der Hauptstadt, eine Zusammenkunft in aller Heimlichkeit. Die beiden Frauen sind die Töchter des Ödipus, sie heißen Ismene und Antigone. Antigone ist die Ältere. Ödipus hatte mit der Frau, die auch seine Mutter war, vier Kinder: die Töchter Ismene und Antigone und die Söhne Polyneikes und Eteokles. Die beiden Brüder haben sich gerade im Kampf um den Thron von Theben gegenseitig erschlagen, der eine als der Verteidiger der Stadt, der andere, Polyneikes, als deren Angreifer. In den Augen des Ödipus taugen beide nicht als politische Führer.

Der neue König von Theben heißt Kreon, auch er ist ein Verwandter, er ist der Onkel der Kinder des Ödipus. Die klassische griechische Tragödie hält den Stoff gerne in der Familie. Das Morden, die Katastrophen tragen sich auf allerengstem Raum zu, das wurde zu einem erprobten Mittel, denn es erhöht die Spannung.

Einem Toten steht ein Begräbnis zu. Das ist gleichsam sein letztes Recht. Er hat Anspruch darauf, in Würde ins Reich der Schatten, in den Hades einzuziehen. Doch Polyneikes hatte einen Frevel begangen, er hatte die Stadt angegriffen. Und so beschied der neue Herr-

scher, beschied also König Kreon, dass seine Leiche un-
begraben, ungesalbt vor den Toren der Stadt eine Beute
der Tiere werden solle. Auf Zuwiderhandlung dieses
Gebotes drohte Kreon mit der schärfsten seiner Waffen,
mit der Todesstrafe.

Antigone hat zu entscheiden zwischen dem weltlichen Gesetz und den Geboten der Pietät, des Mitleids,
auch, wie sie denkt, dem Willen der Götter. Sie trifft
eine Entscheidung, für das Mitleid und gegen den Gehorsam gegenüber dem König.

Genau aus diesem Spannungsgefüge bezieht ein
klassisches, vor zweieinhalb Jahrtausenden entstandenes
Stück seine Dramatik, ein Stück, das den Namen der
Hauptfigur und den ihres literarischen Schöpfers unsterblich gemacht hat. Wir reden von der *Antigone* des
Sophokles und wir reden von dem Konflikt zwischen
individueller Lebensführung und staatlichem Gebot.

Antigone? Sie hat ihre Entscheidung längst getroffen, unbeirrt von den Warnungen der Schwester Ismene,
scheinbar auch kaum beeindruckt von den drohenden
Konsequenzen ihres Handelns, die ihr nur allzu bewusst sind. Bevor wir aber die Handlung auf der Bühne
weiterverfolgen, möchte ich kurz bei der Figur jenes
Dichters verweilen, dessen Leben und Karriere sozusagen in beide Positionen des Konfliktes hineinreicht.

Der um 497/496 in Athen geborene Sophokles war
nämlich wie seine berühmten Kollegen Aischylos und
Euripides gleichzeitig Staatsmann und Dichter. Er war
darüber hinaus aber auch eine Art Priester, ein heilen-

der Schamane, wenn ich das einmal so salopp ausdrücken darf – ein Mensch somit, für den das Jenseits genauso eine Lebenswirklichkeit war wie das Diesseits. Es ging also bei der Frage, wie der erschlagene Bruder der Antigone bestattet wird, nicht um Äußerlichkeiten, das saubere Leichentuch, die Befolgung der Riten, das Zeremoniell sozusagen, das in erster Linie die Trauergemeinde tröstet. Nein, dieser Sophokles wusste oder glaubte zu wissen, dass Musen tatsächlich in das Leben der Dichter eingreifen und dass – um es jetzt ganz schlicht zu sagen – Engel heilen können. Er wusste, dass Antigone im Recht war, als sie behauptete, die Götter stünden für Mitleid. Schließlich hatte er, hatte Sophokles als Schamane einen Gott der Heilkraft in seinem Haus beherbergt.

Taugt so einer auch zum Finanzchef des Attischen Seebundes? Das war Sophokles nämlich auch, und zwar just zu der Zeit, als er seine *Antigone* schrieb und im Wettstreit der Dichter aufführen ließ. Er war nicht nur erfolgreicher Finanzchef, er war auch ein enger Vertrauter des großen Staatsmannes Perikles, er war ein *zoon politikon*, ein politisches Wesen. Ein Mann, der sich auf das Führen von Kriegen verstand, und das von früh an, denn sein Vater war immerhin einer der, heute würden wir sagen, führenden Rüstungslieferanten von Athen.

Daher war Sophokles sehr wohl ein Mann, der wusste, was es heißt, Befehle zu erteilen und Gehorsam zu erzwingen – wie eben jener König Kreon, der in unserem Theaterstück gerade erst den Thron besetzt und eine erste Regierungserklärung abgegeben hat, in der auch jene entscheidende Bestimmung enthalten ist: Staatsfeinde haben kein Recht auf Begräbnis, dies ist ein Befehl, Zuwiderhandlung wird mit dem Tode geahndet ... Man kennt das Wesen von Despoten und weiß auch – und Sophokles hatte es häufiger erlebt als die meisten von uns –, dass ein Despot gerade am Anfang seiner Herrschaft zeigen muss, wer die Zügel in der Hand hält, wer Koch und wer Kellner ist. Die Rollenverteilung ist bekannt.

Wenn man so will, steckte ein Teil des mitfühlenden Sophokles in Antigone, ein anderer in ihrem Widersacher Kreon. Und damit zurück zum Stück: Antigone beerdigt ihren Bruder Polyneikes, *beerdigt* in des Wortes ursprünglichem Sinn, sie bedeckt den Leichnam mit Erde, mit Staub, wie es in der Bibel heißt. Sie tut das bedachter- oder unbedachterweise gleich zwei Mal, einmal im Schutze der Nacht, ein anderes Mal bei, wie es so schön heißt, »helllichtem« Tage, was den Vorgang sozusagen zu einer öffentlichen Demonstration macht. Hier können auch die Wachen nicht mehr wegschauen, in Theben spielt alles vor der Haustür. Denn das Haus ist die Welt.

König Kreon, der Mann der schnellen Tat und des selbstverkündeten Gesetzes, lässt seine Nichte, die darüber hinaus die Verlobte seines Sohnes ist, »bei lebendigem Leibe« in ein Verlies einmauern. Es rührt ihn nicht, dass Antigone, streng befragt, vorbringt, sie habe allein dem Willen der Götter gehorcht, ein Argument, das auch der Chor, in beschwörendem, hochartifiziellem Singsang die Meinung des Volkes wiedergebend, vorträgt und emphatisch bestätigt.

Auch der Verlobte Antigones, auch König Kreons Sohn Haimon kann den Vater nicht gnädig stimmen. Zur Einsicht bringt den König erst jene im klassischen griechischen Theater beliebteste und stets gefügigste Figur, der blinde Seher Teiresias, der selbst kein Schicksal hat, doch das Schicksal seiner Mitspieler im Plan der Welt oder der Götter voraussagen kann.

Der blinde Teiresias prophezeit König Kreon (nachdem er diesen kräftig verflucht hat), dass die von ihm verhängte Strafe, mithin die Ermordung Antigones, den Tod eines Mitglieds seiner Familie nach sich ziehen werde. Teiresias hat mit dieser Prophezeiung – höflich gesagt – untertrieben, es werden gleich drei Angehörige des Königs sterben: seine Nichte Antigone, die sich in ihrem Verlies erhängt, Kreons Sohn Haimon, der Verlobte, der sich aus Verzweiflung über das Verhängnis in das eigene Schwert stürzt, und schließlich auch noch die Gattin des Königs, die unvergleichlich schöne Eurydike. Der grauenvolle Fluch, der über dem Geschlecht des Ödipus liegt, hat auch Kreon nicht verschont.

Ein tragischer, ein blutiger Ausgang. Und was sagt er uns über ein Stück, das zu den am häufigsten aufgeführten Dramen der Weltliteratur zählt?

Mit Sigmund Freud hat zu Beginn des 20. Jahrhunderts eine Deutung begonnen, die Antigone und ihren

Vater Ödipus als die ersten wahrhaft modernen Menschen charakterisiert. Ob wir nun schuld*los* schuldig oder schul*dig* schuldig handeln, wir werden zu Menschen erst im Nachdenken über die Natur unseres Schicksals, wir müssen uns und unsere Absichten prüfen, wir müssen autonom werden.

Zuvor, vor Freud – und noch in zahllosen weiteren Bearbeitungen des Stoffes –, wurden immer wieder die individuellen Verpflichtungen gegeneinander ausgespielt: Da haben wir König Kreon und die ihn bindende Staatsräson. Da sehen wir den König, der sich erst von den Worten eines blinden Sehers umstimmen lässt. Zu spät und dazu auch noch – von heute aus betrachtet – aus sehr privaten Motiven: nämlich weil ihm der Verlust eines Familienmitglieds angedroht wird.

Betrachten wir dagegen die Figur der Antigone. Sie ist bewundernswert in ihrer Strenge, ihrer kalten, auch logischen Konsequenz, in ihrem, wenn man so will, Beharren auf dem Recht über den Tod hinaus. Sie ist Sprachrohr der Götter und gleichzeitig Schwester. Und dass es sich in ihrer Argumentation nicht um formale, abgeleitete Rechthaberei handelt, belegt der wunderbare Satz: »Mitlieben, nicht Mithassen ist mein Teil!« Dieser Satz ist mit aller ihm innewohnenden Gewalt zu einer jener Wahrheiten geworden, die der griechischen Klassik ihre Verbindlichkeit durch alle Wechselfälle der Geschichte des Abendlandes bewahrt.

Wen aber hat nun der Schöpfer der beiden Protagonisten mehr geliebt? Antigone oder Kreon? Sophokles war es schließlich, der den beiden Figuren Mitte des 5. vorchristlichen Jahrhunderts Gestalt und Sprache gab. Meine sehr private Deutung heißt, dass seine uneingestandene Sympathie der jüngeren Schwester, also Ismene, gehört. Jener Schwester, die Antigone erst von der Tat abrät, sie später aber zu schützen versucht. In der landläufigen Deutung gilt Ismene als die blasse Figur, die Vertreterin des eher stümperhaft versuchten politischen Ausgleichs. Doch anders als die gespreizt moralische Antigone lässt Sophokles Ismene reden wie einen Menschen, dem man sich gerne anvertrauen würde.

So schafft der Magier Sophokles auf der Bühne Momente höchster Intimität. Auch an einem Theaterabend im Jahre 442 vor Christus, an dem sich mehr als zehntausend Zuschauer im Theater versammelt haben und bereits wissen, es geht um die letzten Fragen, es geht um ein Ja oder ein Nein. Und dieser Entscheidungskampf wird vorgeführt von zwei Schwestern, die sich im Morgengrauen vor dem Palast des Königs von Theben treffen und über die Pflicht reden, die sie ihrem Bruder schulden, und über das Schicksal, das weiteres Blutvergießen nach sich ziehen muss – wenn man es denn als Schicksal begreift.

Familienfehden waren Sophokles übrigens aus dem eigenen Haus unglücklich vertraut. Sein Sohn aus erster Ehe, der Dramatiker Iophon, versuchte, den Vater im hohen Alter zu entmündigen – wegen angeblicher Geistesschwäche. Sophokles antwortete in der Gerichtsverhandlung mit langen, fehlerfreien Zitaten aus –

selbstverständlich – dem *Ödipus*. Die Anklage wurde sofort fallengelassen.

Der Dichter starb hochbetagt, er war um die neunzig Jahre alt. Er hatte ein literarisches Werk geschaffen, das mehr als hundertzwanzig Stücke zählte, zwanzigmal hatte er die höchste Auszeichnung im Wettbewerb der Dramatiker errungen. Dionysos, der Gott des Theaters, war ihm sehr gewogen gewesen.

Wie auch bei seinen Kollegen Aischylos und Euripides liefert die Legende einen etwas ungewöhnlichen Bericht von seinem Tod. Sophokles soll mit einer Traube im Mund gestorben sein, mit einem Lächeln auf den Lippen. Dionysos darf man das zutrauen.

Johann Wolfgang Goethe (1749–1832)

Die Leiden des jungen Werther (1774) · Novelle (1828)

Ein kleiner historischer Rückblick in die Ferne: Die Studenten, so viel steht fest, haben offenbar wieder einmal den Verstand verloren. Wir schreiben das Jahr 1924 und befinden uns in Peking, genauer gesagt, an der noch jungen, doch schon berühmten Peking-Universität. Es brodelt. Nein, diesmal sind es keine politischen Demonstrationen, nicht der bekannte Protest für Demokratie und gegen den Imperialismus, es scheint um etwas noch Abwegigeres zu gehen. Diese Studenten tragen – und schon das zeigt, wie verrückt es zugeht – gelbe Hosen, gelbe Westen und einen blauen Rock. Sie rebellieren für eine Sache, die sie »freie Liebe« nennen. Und wenn man sie fragt, warum sie sich dafür so eigentümlich kostümieren, antworten sie: »Wir zeigen unsere Sympathie für den jungen Werther! Auch wir wollen frei über unsere Liebe entscheiden können.« Frei! Frei um jeden Preis von den Vorschriften der Eltern und der Gesellschaft!

Die Universitätsleitung weist in strengen Erklärungen darauf hin, dass Selbstmorde der konfuzianischen Ethik widersprächen. Das hilft leider nicht immer. Die Zahl der Selbstmorde steigt, nicht nur in Peking, auch in Shanghai.

Ganz wenige Romane der Weltliteratur können für sich in Anspruch nehmen, selbst anderthalb Jahrhunderte nach ihrem ersten Erscheinen, dazu noch an einem ganz anderen Ende der Welt, für ähnliche Furore gesorgt zu haben wie *Die Leiden des jungen Werther* des bei Erscheinen fünfundzwanzigjährigen Johann Wolfgang Goethe. Recht besehen, könnte ich keinen einzigen nennen.

Die Geschichte ist, zumindest in Umrissen, allseits bekannt, deshalb kann ich sie hier raffen: Der junge Rechtspraktikant Werther verliebt sich in Lotte, die Tochter eines Amtmannes. Lotte und der junge Mann in gelber Hose, gelber Weste und blauem Rock kommen sich auf einem Tanzvergnügen näher, so nahe, dass Lotte von einer Freundin daran erinnert werden muss, dass sie bereits »so gut als« verlobt ist – und zwar mit einem »braven Menschen« namens Albert. Das hindert die beiden, hindert Lotte und Werther naturgemäß nicht daran, sich in einer höchst romantischen Situation – Goethe vertraut hier auf die dramatische Kraft eines Gewitters – durch den Verweis auf ein gemeinsam geliebtes Gedicht mitzuteilen, dass hier zwei Herzen füreinander bestimmt sind.

Hier setzen die Komplikationen ein: Werther, um es kurz zu fassen, findet den Verlobten von Lotte nicht gar so töricht oder grauenhaft, dass er die junge Frau vor ihm retten müsste. Im Gegenteil, es entsteht so etwas wie eine lockere Freundschaft zwischen den beiden Männern, und Werther erkennt schließlich, dass seine Gefühle zu Lotte vielleicht doch zu heftig sind. Er zieht sich an einen jener bizarren Höfe zurück, die damals von einer noch bizarreren Form des deutschen Adels okkupiert waren, wird dort, heute würden wir sagen: abgesnobt und kehrt nach einiger Zeit empört in das Dorf zurück, in dem er Lotte einst traf.

Er hofft auf einen neuen Anfang, doch Lotte ist inzwischen verheiratet. Sie findet Werther eine Spur zu leidenschaftlich, zu aufdringlich, der Ehemann empfindet ähnlich. Werther kann sich jedoch nur schwer beherrschen, es kommt zu einer peinlichen Umarmung mit fatalen Folgen: Werther erschießt sich, stirbt, in gelber Hose, gelber Weste und blauem Rock. Handwerker, einfache Männer aus dem Volke, tragen ihn nach seinem Tod zu Grabe. Kirche und Adel, die vermeintlichen Stützen der Gesellschaft, haben in dieser Szene nichts mehr verloren.

Für die damalige Zeit und Gesellschaft – und wie wir schon am Anfang verraten haben, nicht nur für *jene* Zeit und Gesellschaft – war das starker Tobak. Klar, dass einer des Nächsten Weib begehren konnte, das war kein Geheimnis, davon redete ja schon der einschlägige Artikel in den Zehn Geboten. Und Selbstmord, so war es im Kirchengesetz festgeschrieben, war ein so großes Verbrechen, dass für das Opfer kein Platz auf dem Friedhof, in geweihter Erde, bereitstand.

Aber was dieser junge Goethe anstellte, nämlich die beiden existenziellen Zustände Liebe und Tod so packend, so eindringlich darzustellen, als wären sie das Folgerichtigste, das Natürlichste auf der Welt, das grenzte nicht nur an einen, das war ein veritabler Skandal. Zumal sich das Buch schneller verkaufte, als es nachgedruckt werden konnte. Zumal nun tatsächlich von überall her die Kunde kam, dass die Zahl der Selbstmorde aus unerfüllter Leidenschaft im Lande beachtlich zugenommen habe. Zumal, drittens, diese Geschichte ja offenbar nicht erfunden, sondern nur ein klein wenig abgeändert worden war. Auch das sprach sich schnell herum.

Auch, dass ein enger Bekannter des Autors das Vorbild von Werther war und eine immer noch identifizierbare Weibsperson das der Geliebten, dieser Lotte. Es handelte sich also praktisch um eine Geschichte aus dem wirklichen Leben, da hatte einer seine Feder direkt ins Herzblut getunkt und hatte ein, heute würden manche sagen: Dokudrama verfasst – und das auf höchstem literarischen Niveau.

Natürlich gab es damals noch kein Dokudrama, wofür dieses grässliche Wort auch immer stehen mag. Aber Goethe hatte eine künstlerische Form gewählt, die dem dramatischen Inhalt nicht nachstand. Im Vorwort der ersten Ausgabe gibt sich Goethe noch nicht einmal als Autor zu erkennen. Die Geschichte wird durchgehend fast nur in Briefen erzählt, die angeblich ein anonymer Herausgeber für das Publikum aufbereitet hat. Dieser Herausgeber meldet sich im späteren Verlauf immer deutlicher zu Wort, spart auch nicht an Fußnoten, die selbstverständlich fiktiv sind und auf falsche Fährten führen. Kurzum: Die erregende Verwirrung des Lesers oder, besser gesagt, die Verwirrung des erregten Lesers ist meisterlich inszeniert.

Jawohl, verehrte Freunde der Literaturgeschichte, das war kein ganz neuer Trick. Jean-Jacques Rousseau hatte das mehr als ein Jahrzehnt zuvor in seinem Roman *Julie oder Die neue Héloïse* vorexerziert. Da flogen auch die Briefe nur so hin und her, und Goethe machte gar keinen Hehl daraus, dass er sich für seinen *Werther* Rousseaus Briefroman als stilistisches Vorbild genommen hat. Nur steht Goethes *Die Leiden des jungen Werther* seither für einen Begriff, der in der Literatur eine ganze Epoche prägte: »Sturm und Drang«.

»Sturm und Drang« ist ein Markenname, wenn man so will, und man kann sich mit Recht fragen, ob Goethe je so richtig glücklich wurde mit dieser Zuschreibung, die ihn, den gerade Fünfundzwanzigjährigen, fortan begleitete wie ein morgendlicher, also sehr langer Schatten. Denn jetzt war Goethe, der offenkundig aus jeder Regung des Herzens einen Roman, ein Gedicht, ein Theaterstück hervorbrachte, der Hoffnungsträger für alle, die sich von ihren Zwängen befreien wollten, für politische Rebellen genauso wie für Frauen, die nur dem Diktat ihres Herzens zu folgen wünschten.

Über Goethes Verhältnis zu Frauen, angefangen bei dem zu jener Charlotte Buff, dem Vorbild der Lotte im *Werther*, bis hin zu den eher grotesken, eher unser Mitgefühl anrührenden Liebesaffären im hohen Alter, wollen wir an dieser Stelle nicht reden; im glücklichsten Fall – und es gibt viele glückliche Fälle – wurde daraus wunderschöne Poesie, wurde daraus herrliche Literatur.

Ich möchte stattdessen die Aufmerksamkeit auf den eher widerwilligen gesellschaftspolitischen Brandstifter Goethe lenken und rufe daher ein früh entworfenes, ganz spät erst vollendetes Werk ins Gedächtnis, das den schlichten Titel *Novelle* trägt. Das Licht der literarischen Welt, wenn diese etwas trübe Formulierung gestattet ist, erblickte dieses Buch mehr als ein halbes Jahrhundert nach dem Erscheinen des *Werther*, 1828, also vier Jahre vor Goethes Tod. Es steht, auch dies sei hier noch schnell angefügt, stets ein wenig im Schatten des nicht lange zuvor veröffentlichten Epos *Hermann und Dorothea*, dem dichterischen Glanzstück der späten Jahre. Die *Novelle* gehört künstlerisch in die Gattung der Idyllen – wortwörtlich übersetzt »Bildchen« –, die ein heiteres, ruhiges Leben beschreiben.

Goethes *Novelle* spielt in einem kleinen deutschen Fürstentum. Die Herrschaften wohnen selbstverständlich in einem Schloss, und wenn sie sich eines Fernrohres bedienen, können sie vom Balkon aus am anderen Ende des Tals die Ruine jener Burg erkennen, die einst ihre Macht begründete und verkörperte. Im Tal liegt ein kleiner Marktflecken, in dem die Bürger nicht nur das Notwendige, sondern auch schon den einen oder anderen überflüssigen Schnickschnack erwerben, was vom Adel ein wenig zwiespältig kommentiert wird.

Der alte Fürst will seine Burg restaurieren, denn sie droht ein Opfer der wuchernden Natur zu werden; überall bringen Bäume die alten Mauern zum Einsturz. Natur, das merkt der Leser schnell, ist hier nichts Liebliches, sie ist vielmehr etwas Unheimliches, Bedrohliches: Natur muss unter Kontrolle genommen werden.

Dasselbe gilt auch für das Feuer. Recht früh, am Anfang der Geschichte, lässt Goethe einen der Helden seine Angst ausdrücken, auf dem Markt könnte ein Feuer ausbrechen. Damit spricht er gleichfalls das Thema Entfesselung unkontrollierbarer Kräfte und Vernichtung an.

Nun erfolgt als dramatische Pointe tatsächlich der Ausbruch eines Feuers auf dem Markt. Dort gastiert gerade ein Tierbändiger mit einem Löwen und einem Tiger. Als es brennt, brechen die Tiere aus ihren Käfigen aus. Eine Jagdgesellschaft nimmt ihre Verfolgung auf, der Tiger wird erschossen, sein Fell soll im Winter den Schlitten der Prinzessin zieren.

Der Löwe aber wird gerettet. Durch ein Kind, das ihn findet und ihm einen Dorn aus der Tatze zieht, der ihn am Laufen gehindert hat. Denn Löwe und Tiger waren überhaupt nicht gefährlich, waren beide längst gebändigt. Doch die Gesellschaft hatte es nicht wahrgenommen, es bedurfte der Einsicht eines Kindes, um das zu begreifen.

Symbolik? Nun selbstverständlich, so viel Symbolik, dass die kleine Geschichte darunter fast ächzend zusammenbricht. Und es ist eine Geschichte, deren Entstehung etwa von der Französischen Revolution 1789 bis in die Zeit der Reaktion, der Restauration unter Fürst Metternich reicht. Sie weist somit als Erscheinungsformen der Natur alle Schattierungen vom wild Ungezügelten bis zum streng Gezügelten auf. Klar, dass man die *Novelle* gerne heranzieht, um die politischen Widersprüche Goethes herauszuarbeiten: auf der einen Seite der Amtsmann, auf der anderen der, wie wir eben gesagt haben, »gesellschaftspolitische Brandstifter«. Wie soll denn das zusammengehen: das radikale Plädoyer für das Diktat des Herzens – in erotischen ebenso wie in künstlerischen Angelegenheiten – und ein Leben als Ministerialbürokrat an einem kleinen Fürstenhof?

Wer ist nun Goethe? Die Person, die sich bis in die Abzweigungen der Peinlichkeit stets wieder von neuem als glühender Liebhaber inszeniert, als Zerstörer aller Konventionen? Oder ist er der geduldige Zeichner, der mit seinem Stift die verschiedenen Formen der Veränderung in der wohlgeordneten Natur festhält? Ist er der Politiker, den es vor der Französischen Revolution graute, der aber eitel genug war, sich von dem Erben dieser Revolution, von Napoleon, schmeicheln zu lassen – ausgerechnet mit einer Bemerkung über den *Werther*? Oder halten wir es mit Heinrich Heine, der einmal – sinngemäß – sagte, der riesige Baum Goethe tauge nicht als Holz für Straßenbarrikaden, mithin: Hände weg von allen kleinlichen Interpretationen?

Wir haben dieses Kapitel in China beginnen lassen, das war auch ein – geographisch generöser – Tribut an den Verfasser des *West-Östlichen Divan*. Es sei mir daher gestattet, zum Ende noch einmal nach China zurückzukehren, wo *Die Leiden des jungen Werther* gerade als Hörbuch erschienen sind. Zumindest die Raubkopien, höre ich von chinesischen Freunden, verkaufen sich prächtig. Es ist aber auch eine neue Übersetzung der *Novelle* fertiggestellt worden. »Dass Natur beschnitten werden muss«, sagte mir der Übersetzer, »das bringt Goethe mit Konfuzius zusammen.«

Man muss nicht, doch man kann die Sache offenbar auch so betrachten.

Bettine von Arnim (1785–1859)

Goethes Briefwechsel mit einem Kinde (1835)

Von ihren Zeitgenossen wurde Bettine (oder auch Bettina) von Arnim, die Dichterin und Autorin von *Goethes Briefwechsel mit einem Kinde*, als ein koboldhaftes Wesen beschrieben, das sich aus einer Komödie Shakespeares ins wahre Leben geschwungen hat. Sagen wir: ein Wesen aus dem *Mittsommernachtstraum*. »Irisierend«, »flatternd«, »sprunghaft«, »hell und schattenlos wie die Glut am Mittag«, »immer nur den Mittelpunkt der Aufmerksamkeit suchend«, das sind nur ein paar der Charakterisierungen einer jungen Frau, die schon ihren Zeitgenossen gewaltige Rätsel aufgab.

Bettine von Arnim lebte und schrieb und agitierte in einer Zeit, die wir heute den Vormärz nennen. Das sind jene drei Jahrzehnte nach der Niederlage Napoleons 1815 bis zur Märzrevolution im Jahr 1848. Im Deutschen Reich hatte der Adel die Gelegenheit genutzt, die politische Macht wieder an sich zu reißen. Regiert wurde mit »harter Hand«, autoritär, repressiv, bisweilen auch bigott: so wie es eben zugeht, wenn Obrigkeit und Amtskirche zueinanderfinden.

Regte sich Widerstand gegen die strenge Bevormundung durch diese Obrigkeiten? Natürlich. Es protestierten die Studenten, bis ihnen das verboten wurde. Es demonstrierten die Bürger, soweit das von Zensur und Geheimpolizei gestattet war. Es rebellierten die

Bauern und die Handwerker; man denke nur an die Weberaufstände in Schlesien 1844, blutig niedergeschlagen von der preußischen Armee. Es war auch, das wollen wir hier nicht verschweigen, die Zeit eines mächtig erstarkenden Antisemitismus.

Die Intellektuellen, Dichter und Künstler der Zeit hatten einen schweren Stand. Viele zogen sich zurück und suchten die blaue Blume der Romantik. Manche, die Mutigen, erhoben das Wort und wurden dafür bestraft, wie Heinrich Heine. Andere, denken wir an Goethe, arrangierten sich mit der Macht. Goethe war ein Maßstab.

Und da betrat diese Bettine Brentano, ab 1811 verheiratete Bettine von Arnim, die Szene und sprach Sachen aus, die ein Mann auszusprechen sich zu jener Zeit kaum – oder nur unter Pseudonym – getraut hätte. Redete und schrieb von »Rechten der Menschheit« und gar von »Massenelend«, wenn die frühe Industrialisierung zum Thema wurde, verband das Feinsinnige, das Literarische, mit dem Gesellschaftlichen, das Gesellschaftliche, den Salon, mit dem Politischen. Nannte die Dinge beim Namen.

So erregte sie Aufsehen. Auch bei den Spitzeln. Und je nach Blickwinkel des Betrachters oszillierten ihre Auftritte zwischen dem Grandiosen und dem Peinlichen. Als Frau fiel sie jedenfalls aus der Rolle. Frauen redeten nicht über Politik, über soziale Missstände. Frauen verstanden und heilten. Frauen, das war wohl das Wichtigste, Frauen mischten sich nicht ein, schon gar nicht in öffentliche Kontroversen, wie etwa den Aufstand der Weber, die Gesundheitspolitik – oder die Bewertung von Johann Wolfgang von Goethe.

Doch gehen wir der Sache für einen Moment chronologisch nach: Bettine von Arnim stammte aus einer adligen Familie, deren Herkunft man weit in die italienischen Geschichte, genauer: in die Geschichte der Lombardei zurückverfolgen kann. Ein Teil der Familie Brentano ließ sich Ende des 17. Jahrhunderts in Offenbach und dann in Frankfurt am Main nieder, wo Bettine 1785 auf die Welt kam. Ihre Vorfahren wie auch ihre Brüder waren nicht nur von edelstem Geblüt, sie verstanden sich auch vortrefflich auf den Handel. In Frankfurt zeugte davon ein, heute würden wir sagen, blühendes Import- und Exportgeschäft mit Sitz in der Innenstadt, in der Großen Sandgasse: eine prachtvolle Niederlassung, die den schönen, die Sparten Adel, Kunst und Wirtschaft gleichsam symbolisch zusammenführenden Namen »Haus zum Goldenen Kopf« trug.

Es herrschte in diesem Haus kein Mangel, weder an weltlichen Gütern noch an künstlerischen Anregungen, nicht einmal an Geschwistern: Bettine hatte deren gleich zwanzig; der Vater hatte schließlich dreimal geheiratet.

Die Brentanos verkehrten mit den Goethes, man darf vermuten, nicht nur zu geschäftlichen, auch zu künstlerischen Anlässen. Der Vater Bettinens nannte sich einen »Dilettanten des Geigenspiels«; das war damals kein geringer Anspruch. Er schrieb in seiner Freizeit Gedichte, wenn auch auf Italienisch, wenn auch von oft nicht überragender literarischer Qualität. Die Großmutter Bettinens, Sophie von La Roche, war eine umworbene Schriftstellerin, deren Romane es auf beachtliche Verbreitung brachten. Sie war übrigens auch die erste Herausgeberin einer Zeitschrift für Frauen. Goethe, der Sophie von La Roches Tochter Maximiliane heftig verehrte, sie sei »eine wunderbare Frau, eher groß als klein«, äußerte er in unnachahmlicher Präzision, berichtete über die Publikation in *Dichtung und Wahrheit*.

Im Salon der Sophie von La Roche in Offenbach verkehrten die geistreichsten Köpfe der Epoche, literarische Schwärmer des Zeitgeistes und eben auch jene nach Schwefel riechenden Umstürzler, die sich seit der Französischen Revolution Jakobiner nannten und für die Sache der sozialen Gerechtigkeit eintraten. Und wie das in literarischen Salons so der Brauch zu sein pflegt, niemand suchte einen Scheffel, unter den er sein Licht hätte stellen können.

Die kleine Bettine Brentano hatte somit die verschiedensten silbernen Löffelchen in ihrem Mund, und da sie keineswegs auf den Kopf gefallen war, lernte sie früh, dass man auch als Mädchen sowohl von seinem materiellen Erbe wie von seinen geistigen Anlagen ungeniert Gebrauch machen darf. Denn, schrieb sie: »Wer ist des Staates Untertan? Der Arme ist's! – Nicht der Reiche auch? Nein, denn seine Basis ist Selbstbesitz und seine Überzeugung, dass er nur sich angehöre.

Den Armen fesseln die Schwäche, die gebundenen Kräfte ...«

Das kann man, das muss man vermutlich zunächst im Zusammenhang mit der frühsozialistischen Begeisterung, recht besehen, mit dem Jargon jener Jahre verstehen. Doch bei genauerem Lesen erkennen wir auch, dass sich hier sehr exemplarisch eine Frau als Individuum, als eine selbstbewusste Stimme zu Wort meldete. Eine Stimme, die sagt: Die Regeln der Gesellschaft und der Obrigkeit sind, anders als die Gebote Gottes, nicht auf Steintafeln eingeritzt worden. Und das gilt nicht nur für den Unterschied zwischen Arm und Reich, dasselbe gilt ganz genauso für die Unterscheidung zwischen den Geschlechtern. Das war auch ein Plädoyer für die Kraft des Unkonventionellen, wenn denn das sogenannte Konventionelle zu einem unsinnigen Joch geworden ist.

Biographisch muss noch ein anderer Umstand erwähnt werden: Bettine Brentano fand schon als junges Mädchen sehr schnell eine enge, eine sie auch nachhaltig prägende Beziehung zur Mutter von Johann Wolfgang von Goethe, zur Frau Aja oder Mutter Aja, wie sie in unsere Geschichtsbücher eingegangen ist. Bettine und die Frau Aja waren grundverschiedene Temperamente, gehörten ja auch verschiedenen Generationen an. Goethes Mutter starb 1808, da war Bettine gerade dreiundzwanzig. Gemeinsam war den beiden Frauen aber das Verwundern über eine Welt, in der es die Männer sind, die über die menschlichen Werte, über Schönheit, Gerechtigkeit und die philosophische Festlegung der Wahrheit bestimmen. In diesem von Männern eingerichteten Kosmos gab es allerdings *einen* Stern, der war männlich und über dessen Glanz konnten sich die beiden Frauen schnell verständigen: Dieser Stern war Johann Wolfgang von Goethe.

Die Beschäftigung mit Goethe wird den großen Teil von Bettinens literarischem Ruf und Nachruf ausmachen. Ihr wohl wichtigstes Buch *Goethes Briefwechsel mit einem Kinde* erschien 1835, da war sie schon längst eine von Arnim, war gerade fünfzig Jahre alt geworden, und der Stern des drei Jahre zuvor verstorbenen Goethe war bereits zu einem gewaltigen, energieträchtigen Fixstern geworden, den allerdings durchaus auch mehrere Nebel umgaben.

Das Buch ist in Form eines Briefromans abgefasst. Diese Gattungsbezeichnung muss man wörtlich verstehen, es geht um einen Austausch von sowohl erfundenen wie tatsächlich zwischen Bettine und Goethe geschriebenen Briefen.

Bettine von Arnim war Goethe zum ersten Mal 1807 in Weimar begegnet und verliebte sich Hals über Kopf in den um sechsunddreißig Jahre älteren Dichter. Sie selbst war zweiundzwanzig Jahre alt, unterschrieb ihre Briefe an den Geheimrat mit »Dein Kind« und träumte sich in die Rolle der Muse und Geliebten hinein. In dieser literarischen Projektion erschuf sie sich und mehr noch ihren Lesern Goethe als einen hellenischen Titanen und wundervollen Liebhaber. Sie selbst, die ihn verklärende Bettine, ist dabei Nymphe und Engel zugleich.

So etwas funktioniert naturgemäß nur in der Literatur. Dem Geheimrat Goethe waren diese Schmeicheleien, auf die er – im »wirklichen Leben« – nur in kargen Zeilen antwortete, eher peinlich. Nein, er war keiner Schmeichelei abhold, aber vielleicht ahnte er die Absicht dahinter, die Absicht nämlich, dass die Verehrung nicht ihm, einem Menschen aus Fleisch und Blut und mit durchaus sinnlichen Appetiten galt, sondern einer Idealfigur, erdacht von einer Frau, die Bilder erschuf, Bilder von einer idealen Liebe, Bilder von einem idealen Dichter.

Es handelt sich bei *Goethes Briefwechsel mit einem Kinde* mithin um einen Roman, doch ist das Werk eine Mischung aus Dokumentiertem und Erfundenem. Wie gesagt, Bettine von Arnim war eng mit Goethes Mutter befreundet gewesen, der Frau Rat, und diese hatte ihr viele Geschichten erzählt. Weiteres Material fand sie in Goethes *Dichtung und Wahrheit*. Literarisch haben wir es mit einem Flickerlteppich zu tun. Das hat noch niemand als innovatives literarisches Verfahren so recht gewürdigt, die meisten Kommentare, man muss wohl sagen, die meisten männlichen Kommentare beschwören das Bild einer Frau, die sich in romantischer Verklärung eine Ikone sozusagen mit dem Munde gemalt hat.

Genau an dieser Stelle müssen wir daher einen Blick auf das Original, auf Johann Wolfgang von Goethe werfen. Der ruhte, als Bettine von Arnims *Briefwechsel mit einem Kinde* erschien, wie gesagt, seit drei Jahren in der Gruft in Weimar. Unter den deutschen Dichtern war ein heftiger Streit darüber ausgebrochen, wie denn das Urteil der Geschichte über diesen Goethe lauten sollte.

Da gab es den wortgewandten, äußerst gern gelesenen Johann Friedrich Wilhelm Pustkuchen, Pfarrer aus dem westfälischen Lemgo, der Goethe vorwarf, er sei schlechthin »unsittlich, antichristlich, unmoralisch«, und der das immerhin in fünf Bänden zu belegen versuchte. Da waren aber auch die nicht mehr ganz jungen schriftstellernden Männer, die nach Revolution, nach liberalen Reformen und nach einem Ende der obrigkeitlichen Bevormundung trachteten. Ludwig Börne gehörte zu ihnen, um nur einen der prominentesten Vertreter zu nennen. Diese Autoren verachteten Goethe als einen devoten Knecht des Feudalismus, einen Lakaien, der seine Kunst nur als folgenloses Kunsthandwerk betrieben habe.

Goethe wurde in jenen fiebrigen Jahren sozusagen von links wie von rechts in die Zange genommen, doch so klug und gescheit und kunstsinnig wie Heinrich Heine, der Goethe als Dichter verteidigte, war keiner.

»Wie konnte sie bloß diesen Goethe lieben?«, fragte Börne, als Bettine von Arnims Buch erschienen war, diesen Goethe, der sich *nicht* für die Emanzipation der Juden eingesetzt hatte. Warum »kletterte sie ausgerechnet an Goethe hoch«, dieses herrliche Mädchen, das früher Bäume, Mauern und Türme erklommen hatte. »Sie hat ihm manchmal den Kopf gewaschen, aber das

Herz konnte sie ihm nicht waschen«, fügte er hinzu – und klang wie ein betrogener Liebhaber.

Da stand sie nun, dieses merkwürdige weibliche Irrlicht, das den Männern so viele Rätsel aufgab. Die Frau, die statt ein Buch über Armut und Epidemien zu vollenden, ganz schlicht die Pflege dieser Armen und Kranken übernahm, die Frau aus reichstem Hause, die Verbände wechselte und Eiskübel schleppte und sich für aus Preußen vertriebene Polen einsetzte.

Sagen wir einfach: Sie war ungewöhnlich – in ihrem Schreiben genauso wie in ihrem Handeln. Das Mittelmäßige war ihr verhasst. Als Goethes Frau Christiane bei der Ausstellung eines unbedeutenden Künstlers in ein säuselndes Schwärmen verfiel, gerieten die beiden Damen in einen Streit. Frau Goethe wurde handgreiflich, Bettine wehrte sich mit den Worten: »Christiane, Sie sind eine wahnsinnige Blutwurst.«

Goethe war der Vorfall schrecklich peinlich. Bettine hat ihn offenbar genossen. Mehr sollte man dazu nicht sagen.

Franz Kafka (1883–1924)

Die Verwandlung (1915) · Der Prozess (1925)
Das Schloss (1926)

Man sollte einem Menschen misstrauen, dem allzu ge-
läufig das Adjektiv »kafkaesk« über die Lippen kommt.
Ich weiß, der große Milan Kundera hat viel Gescheites
über den Begriff des »Kafkaesken« geschrieben. Kundera wuchs ja wie Franz Kafka im heutigen Tschechien
auf und kennt sich in der Problematik bestens aus.
Dennoch warne ich vor Menschen, die, sagen wir, beim
Anblick einer einsamen Burg rufen: »Das ist ja so kafkaesk wie das Schloss«, die jeden Behördengang als
»kafkaesk« empfinden, ganz zu schweigen vom Ausfül-
len amtlicher Formulare. Denen zu einem Prozessver-
lauf stets eben nur jenes Wort einfällt: »kafkaesk«.

»Kafkaesk« ist nämlich zu einem modischen Aller-
weltswort geworden und verstellt uns den Blick auf das
Werk des Schriftstellers Franz Kafka, der 1883 in Prag
auf die Welt kam und 1924 in der Nähe von Wien an
einer unheilbaren Tuberkulose verstarb.

Wenn wir diese Lebensdaten betrachten, dann sticht
ins Auge, wie reich die literarische Landschaft jener
Jahre an »epochalen« Werken war. Nur ein paar Namen
mögen diesen Reichtum verdeutlichen: Als Kafka an seiner ersten Erzählung schrieb, hatten sich Marcel Proust
und James Joyce, hatten sich Hermann Hesse, Gottfried
Benn, Alfred Döblin, Georg Trakl, Thomas und Hein-

rich Mann und viele, viele andere bereits einen Namen gemacht oder standen unmittelbar davor. Kurz nachdem Kafka an seiner Tuberkulose starb, veröffentlichte Thomas Mann seinen *Zauberberg*, in dem just diese Krankheit eine große Rolle spielt. Kaum ein Autor hat jedoch die Phantasie der Leser stärker beschäftigt als der Versicherungsangestellte Franz Kafka.

Ist er uns deswegen vertraut? Ich fürchte nein. Denn nach seinem Tod, viele Jahre nach seinem Tod – Kafkas Ruhm setzt so recht erst ein Vierteljahrhundert später ein – erscheint uns der Schriftsteller in den verschiedensten Gestalten. Sein erster Biograph, sein enger Freund Max Brod, hat uns »seinen« Kafka geschenkt, einen dem Mystischen, dem Jüdischen tief verpflichteten Intellektuellen. Dann kamen jüngere Historiker, die uns Kafka als den Propheten des Holocaust vorstellten. Wieder andere präsentierten uns den schonungslosen Analytiker der Moderne. Und in seiner Heimatstadt Prag ist Franz Kafka eine allgegenwärtige Touristenattraktion.

Glücklicherweise haben wir seine Werke. Wobei hier das Wort »glücklicherweise« keine schnell dahingesprochene Floskel ist: Vor seinem Tod bat Kafka seinen Freund Brod, alles Unveröffentlichte zu verbrennen, Manuskripte, Entwürfe, Briefe. Literarisch sollten von ihm nicht einmal ein Dutzend Werke übrigbleiben. Das mag auf eine schwermütige Laune zurückzuführen sein, klingt auch nicht ganz frei von Koketterie, denn zu Lebzeiten war der Kreis der Liebhaber seiner Schriften, höflich gesagt, überschaubar.

Max Brod jedenfalls überging die Bitte des Sterbenden, wir Leser sind ihm dafür unendlich dankbar, Kafkas Interpreten auch und Kafkas Verleger naturgemäß ebenso.

Bleiben wir bei einem der frühen Werke, das bereits zu Kafkas Lebzeiten erschienen war, bleiben wir bei der Erzählung *Die Verwandlung*, im Manuskript wohl 1912 fertiggestellt, erschienen erstmalig 1915 in Leipzig. Es ist die Geschichte von Gregor Samsa, der eines Morgens aufwacht und entdeckt, dass er sich in einen Käfer verwandelt hat und deshalb seinen Dienst nicht antreten kann. Seitdem sein Vater fünf Jahre zuvor sein Geschäft verloren hat, bringt Gregor die Eltern und seine Schwester Grete als Handelsreisender über die Runden. Das ist nicht der Beruf, den er sich erträumt hat, dennoch gilt er als äußerst gewissenhaft, jedenfalls bis zu besagtem Morgen.

Jetzt also hat er sich in einen Käfer verwandelt. Er krabbelt die Wände hoch und zieht leicht verdorbenes Essen frischer Nahrung vor. Durch seine neue Lage verändern sich schnell die Machtbeziehungen in der Familie, Gregor ist schließlich nicht mehr der Ernährer, sondern ein peinliches Mitglied. Der junge Mann, besser gesagt der Käfer, ist nicht mehr »Er«, man spricht von ihm als »Es«.

Die Familie arrangiert sich ökonomisch, nimmt Logisgäste auf, der Vater hat eine Stelle als Diener gefunden, seine Frau näht Wäsche, Gregors Schwester arbeitet als Verkäuferin, Gregor, das Insekt, verkümmert in einer Abstellkammer. Als einer der auf äußerste Sauberkeit bedachten Gäste das kleine Tier bemerkt, kommt es zu einem scheußlichen Skandal. Gregor wird endgültig in sein Quartier gesperrt, am nächsten Morgen ist er – oder es – tot. Die Familie atmet auf, das Leben kann weitergehen.

Immer wieder wird die Frage gestellt: Ist das Ganze eigentlich autobiographisch zu verstehen? Wollte uns der Dichter etwas über den Horror mitteilen, der sich in seinem Elternhaus abgespielt hatte? Natürlich ist das möglich, schließlich nutzt jeder Schriftsteller eigene Erfahrungen. Kafkas Vater Hermann etwa war tatsächlich eine Zeitlang Handlungsreisender, bevor er in Prag einen Laden für Galanteriewaren eröffnete, der nun, zugegeben, die Mutter von Gregor Samsa mit Näharbeiten hätte beauftragen können. Und: Kafka hatte zwar drei Schwestern, doch nahe fühlte er sich nur der einen. Und, ach: Kafka arbeitete in einem Beruf, den er nicht sonderlich liebte – er war erst kleiner, dann zunehmend bedeutender Angestellter in der Prager Arbeiter-Unfall-Versicherungs-Anstalt.

Helfen diese Informationen beim Verständnis, gar beim Genuss der Lektüre? Man darf getrost Nein sagen. Was Interpretationen angeht, ist Franz Kafka vermutlich das am häufigsten missbrauchte Versuchsobjekt der westlichen Literaturgeschichte. Generationen von erzwungenen Abituraufsätzen können hierfür ein verquältes Zeugnis ablegen. Und mit jedem biographischen Detail, das neu an die Öffentlichkeit gelangt, setzt sich das Deutungskarussell von neuem in Bewegung. Vielleicht war der Vater in Wirklichkeit gar nicht so streng, vielleicht hat der Bub ja maßlos übertrieben – was aus künstlerischen Gründen übrigens völlig legitim wäre. Vielleicht war auch die Arbeit bei der Versicherung gar nicht so nervtötend, vielleicht lieferte sie gerade einem Schriftsteller viele Anregungen, wenn er nach Sonderlichem oder Absurdem suchte.

Aber die biographische Lesart führt uns nicht weiter. Sie lenkt nur ab von dem schieren Vergnügen, sich auf den Text selbst einzulassen. Sich auch das Lachen zu gestatten, das Unerwartete zuzulassen. Nehmen wir nur einen Punkt: Selbstredend tauchen in der Weltliteratur immer wieder zur Überraschung der Leser Tiere auf. Man denke nur an den *Faust*. Da braucht es eine Weile, bis uns der Autor erklärt, was denn des Pudels Kern, also Sinn sei. Bei Kafka, darin liegt das Glück des Lesers, wird überhaupt nicht erklärt, warum hier plötzlich ein Handelsreisender zum Käfer wird. Wie bei, sagen wir, *Alice im Wunderland* ist das Unbegreifliche schlichtes Faktum.

Der Begriff »Komik« stammt aus dem Griechischen und ist von dem Wort *komos* abgeleitet, was »Festzug« heißt. Wir dürfen uns eine Bilderfolge vorstellen, die uns verstört, gleichzeitig diese Verstörung aber wieder auflöst – eben im Lachen. Wenn Franz Kafka aus seinen Texten las, so erinnern sich Zeugen, kam er vor Lachen bisweilen nicht weiter. Dieses Lachen war eine Befreiung. Ich erwähne das an dieser Stelle, um den Dichter vor Interpreten in Schutz zu nehmen, die seine Texte aus Ehrfurcht am liebsten heiliggesprochen sähen.

Kafka, auch das ist kein frisch enthülltes Geheimnis, war ein begeisterter Kinobesucher. Gerade die Filme von Charlie Chaplin hatten es ihm angetan. *The Tramp* war der große Kassenschlager des Jahres 1915, auch in Prag. Und wie sehr Elemente des Slapstick in Kafkas Werk mitschwingen, kann man an dem Roman *Der Prozess* nachvollziehen, der um dieselbe Zeit entstand, allerdings erst 1925, also nach des Dichters Tod – und wohl auch gegen seinen Willen – erschien.

Josef K., Prokurist in einer Bank und angesehener Bürger, wird am Morgen seines dreißigsten Geburtstags verhaftet. Er denkt zunächst, es handele sich um einen Scherz seiner Kollegen, denn die Vertreter der Justiz sind keine gewöhnlichen Beamten. Doch wird ein merkwürdiges Verfahren von einem nicht in Erscheinung tretenden Gericht gegen ihn eröffnet, und bald fühlt sich Josef K. allein schon aufgrund der Tatsache, angeklagt worden zu sein, schuldig. Er nimmt sich einen Rechtsbeistand, versucht dann, ihn wieder loszuwerden. Ein Geistlicher erläutert ihm seine Lage mit einem Gleichnis, das er nicht zu deuten versteht. Schließlich wird Josef K. von zwei, wie Kafka schreibt, »halbstummen, verständnislosen Herren« abgeführt und in einem Steinbruch mit einem Fleischermesser erstochen.

Jawohl, mit einem Fleischermesser. Auch an dieser Tatwaffe hat sich manche Interpretation entzündet;

Kafkas Großvater, der Vater seines Vaters, war schließlich Fleischhauer und Schächter.

Man kann diesen Roman selbstverständlich ausführlicher nacherzählen, als ich es gerade getan habe, dem Verständnis allerdings hilft das kaum weiter. Denn das Werk besteht − wie ein irrwitziger Traum − aus Sequenzen, aus, wenn man so will, Filmszenen, die ineinander überblendet werden, aus Szenen, denen man sich als Leser einfach aussetzen muss.

Und wenn Sie, meine Damen und Herren, beim Lesen lachen, ergriffen sind, Tränen vergießen, dann fragen Sie um Gottes willen nicht: Warum? Die Deutung von Träumen ist allemal weniger ergreifend als das Träumen selbst.

Bedenken Sie nur, dass Kafka zu einer Zeit schrieb, in der die großen Soziologen, Auguste Comte etwa oder Max Weber, verkündeten, der Siegeszug des Planbaren, die Berechenbarkeit des Alltags, kurz, die wissenschaftliche Rationalität als Handlungsprinzip sei unaufhaltbar und universal.

So universal wie die Herrschaft jener Beamten aus dem Schloss über die Dorfbewohner, zu denen der Landvermesser K. stößt − diesmal hat der Held noch nicht einmal mehr einen Vornamen.

Den Roman *Das Schloss* hat Kafka nicht zu Ende geschrieben, seine Lungenkrankheit machte ihm so schwer zu schaffen, dass er, noch nicht ganz vierzigjährig, auch seinen Brotberuf bei der Versicherung aufgeben musste.

Wieder geht es um die Ohnmacht des Einzelnen an-

gesichts eines anonymen Apparates, der Herrschaft aus-
übt, ohne sichtbar sanktionieren, also strafen zu müssen.
Der Gehorsam läuft den Untertanen voraus wie ein
langer Schatten. Nein, es kommt nicht zu Peinlichkei-
ten, nicht zur direkten Konfrontation mit den Macht-
habern, wie sie knapp zwei Jahrzehnte später George
Orwell in seinen Romanen *Farm der Tiere* und *1984*
beschreibt. Kafka ist der Meister der Zurückhaltung.
Kafka ist – das möchte ich ganz besonders wichtig machen – auch der Meister einer Sprache, deren Zauber
sich erhält und gegenüber manchem vermeintlich »po-
litischeren« Roman behauptet, gerade weil sie von sich
so wenig Aufhebens macht.

Anfangs habe ich davon gesprochen, dass wir sehr
sorgfältig mit dem Begriff »kafkaesk« umgehen sollten.
Er ist leider zu einer Art Schnickschnack-Begriff der
Moderne geworden und verniedlicht damit das Werk
jenes Mannes, an den er sich anlehnt. Wenn hierzulande
Arbeitsgerichte Entlassungen bestätigen, weil der oder
die Angeklagte einen Cent-Betrag nicht ordnungsge-
mäß abgerechnet hat, dann ist das nicht »kafkaesk«, es
ist schlicht eine überkommene Form von Klassenjustiz.
Wenn ein Präsident den Überfall auf ein anderes Land
durch gefälschte Dokumente legitimiert, ist das auch
nicht »kafkaesk«, es ist einfach nur altmodisch impe-
rialistisch. »Kafkaesk« war es auch nicht, dass die drei
Schwestern von Franz Kafka im Konzentrationslager
ermordet wurden, von anderen Angehörigen und
Freunden gar nicht zu reden.

Worauf ich hinauswill: Man sollte die Werke von Franz Kafka weder einem politischen Anliegen noch irgendeiner anderen Botschaft untertan machen. Man würde sich den Zugang zu einer ganz einzigartigen Form von literarischer Erleuchtung versperren. Was schade wäre.

Fjodor Dostojewski (1821–1881)

Arme Leute (1846) · Schuld und Sühne/ Verbrechen und Strafe (1866)

Ob Literaturkritiker wirklich notwendig sind, ist eine Frage, die wir mit letzter Entschiedenheit hier nicht beantworten wollen. Man müsste dazu erörtern, notwendig für was oder wen, für das Publikum oder die Autoren, und viele andere Aspekte mehr, eine Diskussion, die schnell ins Akademische abzweigt und uns in der Praxis nicht wirklich weiterhilft. Schließlich gibt es diesen Stand der Vermittler, seitdem es Literatur gibt. Die Figur des Beckmessers ist so alt wie die des Künstlers.

Warum diese gravitätische Einleitung? Nun, weil der Autor und das Werk, mit denen wir uns in diesem Kapitel beschäftigen wollen, so umstritten sind, so bejubelt und geschmäht wurden wie ganz wenige andere Erscheinungen der Weltliteratur. Wir reden über Fjodor Michailowitsch Dostojewski, den Beschwörer des Bösen auf Erden, und jenen Roman, der ins Deutsche mal als *Schuld und Sühne*, mal als *Verbrechen und Strafe* übersetzt wurde. Schon aus dem Umstand, dass dieses Werk allein ins Deutsche fast zwei Dutzend Mal übertragen wurde, kann man ermessen, wie intensiv die Beschäftigung mit Autor und Werk stets gewesen ist.

Gradlinig, unbeschwert und konfliktfrei verlief so gut wie nichts im Leben des Fjodor Michailowitsch Dostojewski, selbst wenn man die Lebenswege anderer

russischer Schriftsteller zum Maßstab nimmt. Geboren
wurde er 1821 in Moskau. Seine Familie war von Adel,
doch arm. Sein Vater war Arzt, Militärarzt, aber nicht
aus Leidenschaft, sondern weil die Finanzlage ihn dazu
zwang. Seinen Dienst verrichtete er in einem der öffentlichen Krankenhäuser der russischen Metropole,
einem Spital für Waisenkinder, in dem die Familie zeit-
weilig auch wohnte. Ein paar Straßenzüge entfernt lag
ein ärmliches Irrenhaus, dazwischen ein Friedhof, auf
dem Verbrecher bestattet wurden.

Die Stellung des Vaters war für die Reputation genauso wenig ertragreich wie für das Einkommen. Der
Vater, das sollte man noch hinzufügen, war jähzornig
und ein Säufer. Er verfügte noch über ein kleines, herab-
gewirtschaftetes Gut, auf dem ihn 1839 seine erzürnten
Leibeigenen umbrachten, indem sie ihn in Wodka er-
säuften. So jedenfalls lautet eine Version des Hergangs.

Der junge Dostojewski war damals gerade achtzehn
Jahre alt, er studierte an einer Militärakademie für Pio-
niere und bestand alle Prüfungen mit Glanz. Kaum hatte er aber das Leutnantspatent in der Tasche, wandte er
sich der Schriftstellerei zu.

In die jungen Jahre des Schriftstellers ist eine ganze
Menge hineinpsychologisiert worden. Auch Sigmund
Freud hat sich an den Deutungen beteiligt: Der böse,
tyrannische Vater, der unter grotesken Umständen getötet wird – gleichsam ein gewünschter Vatermord,
von anderen begangen. Das bietet der Seelenkunde
reichlich Stoff. Wir wollen hier aber nur festhalten, dass

das Milieu, in dem Dostojewski aufwuchs, ganz zwangsläufig sein Empfinden für die Nachtseiten der Welt geprägt haben muss.

Das Buch, mit dem er zum ersten Mal auf sich aufmerksam machte, trägt den bezeichnenden Titel *Arme
Leute*. Es ist ein Briefroman. Zwei unglückliche Exis-
tenzen, ein älterer Kopist, also ein Abschreiber, namens
Makar Dewuschkin und eine sehr viel jüngere Frau,
Warwara Dobrosiolowa, leben in einem Armenviertel
in St. Petersburg. Die Häuser, in denen sie wohnen, liegen einander gegenüber. Aber was heißt hier: »Häuser,
in denen sie wohnen«? Dewuschkin kann sich gerade
mal einen Teil der Küche als Schlafstatt leisten, und
Warwara Dobrosiolowa ist geduldet bei einer Wirtin,
die sie nach allen Regeln der Kunst ausbeutet. In einer
Serie von Briefen teilen sie sich ihr kleines Glück und
ihr großes Unglück mit, beschreiben ihre Umgebung,
den Mieter, der nachts vor Hunger wimmert, den jäh-
zornigen, meist betrunkenen Vater eines anderen Zim-
mergenossen, kurz: das Leid der Zeit. Dewuschkin verliebt sich in die junge Warwara, doch die will dem
Elend entfliehen und sucht ihr Heil in einer zumindest
ökonomisch besseren Partie.

Ich schildere den Roman hier in unbarmherziger
Kürze. Nein, der Himmel über St. Petersburg ist darin
nicht immer grau, es riecht nicht ständig nach kalter
Grütze, es kommen auch Menschen guten Willens vor,
und – darum geht es mir besonders – der Roman findet sogar Zeit für ein paar Einsprengsel von Ironie.

Etwa wenn der verliebte Dewuschkin glaubt, seine Angebetete halte ihn für eine komische Figur aus einer berühmten Kurzgeschichte des berühmten Nikolai Gogol.
Natürlich ist Dewuschkin schrecklich verletzt.

Als dieser Briefroman 1846 erschien, rief ein berühmter russischer Literaturkritiker tatsächlich beglückt
aus: »Wir haben einen neuen Gogol. Eine Lichtgestalt.«
Und weil dieser Kritiker über großen Einfluss verfügte
und weil dieser Briefroman die Herzen seiner Leser traf
wie eine hochliterarische Sozialreportage, wurde das
Werk *Arme Leute* tatsächlich zu einem Kassenschlager.
Der Verleger soll Dostojewski übrigens nach dem Lesen des Manuskriptes umgehend aus dem nächtlichen
Schlaf geküsst haben. Das machen nicht alle Verleger.

Aber Erfolg, damit erzähle ich nichts Neues, gebiert
auch Neider. Wenige Schriftstellerkollegen schätzen es,
wenn ein gerade Fünfundzwanzigjähriger gleichsam
aus dem Stand mit einem der Größten verglichen wird.
Und dieser Nikolai Gogol – er lebte zwar noch, doch,
wie man in Russland höflich sagte: »Er lebte in einer
bestürzenden Krise zum Ende« – war schließlich eine
Lichtgestalt.

Deswegen ist es keine besondere Überraschung, dass
Dostojewskis nächstes Werk in den literarischen Zir-
keln seiner Heimat auf wenig mehr als, Pardon für den
Ausdruck, »kühles Schulterzucken« traf. Es war die Novelle *Der Doppelgänger*, eine phantastische, literarisch
zwischen E.T.A. Hoffmann und Franz Kafka angesie-
delte Geschichte, in der ein nicht hochrangiger, eher

schüchterner Beamter, Jakov Petrovic Goljadkin, seinen
Verstand verliert, weil er einer Gestalt begegnet, die ihm
als sein Doppelgänger erscheint. Selbstverständlich, Dostojewski konnte noch nichts von Franz Kafka wissen,
aber es gibt eben Stoffe, die darauf warten, vor- oder
nacherzählt zu werden.

Wer den *Doppelgänger* liest, wird zwischen Dostojewski und Kafka ein wenig durchgeschüttelt. Hat man
zuvor auch noch Gogol, etwa seine Erzählung *Die Nase*,
gelesen, kommt ein weiterer literarischer Reizfaktor
hinzu, der Reiz zum Lachen. Kurz gesagt, man lese alle
drei Autoren, es kann zum Schaden nicht sein, mal darüber nachzudenken, wer man wirklich ist – und wer
der perfide Doppelgänger.

Wer von seinem Verleger aus dem Schlaf geküsst
wird, dem kann es passieren, dass er sich angewöhnt, die
Nase ein wenig hoch zu tragen. Das geschah auch Dostojewski, von dem ein berühmter Kollege, kein Geringerer als Iwan Turgenjew, bald sagte: »Dieser Kerl ist der
neue Pickel auf der Nase der russischen Literatur.«

Das war vielleicht die übliche Häme unter Kollegen,
festzuhalten bleibt aber, dass sich Dostojewski bald für
ein so außergewöhnliches Wesen hielt, dass er auch politisch über die Stränge schlug. Er schloss sich einem
Zirkel radikaler Sozialisten an, die naturgemäß heftig
die Regierung kritisierten – wir befinden uns historisch in der Zeit nach 1848, in der alle Regierungen
Europas Angst um ihr Bestehen hatten. Dostojewski
wurde verhaftet. Er und seine Mitgefangenen wurden

vor ein Exekutionskommando gestellt, zum Schein nur, doch die Inszenierung reichte, um Dostojewski ein lebenslanges Trauma zu bescheren. Er wurde zu acht Jahren Zwangsarbeit in Sibirien verurteilt, vier Jahre davon wurden ihm erlassen. Diese Zeit im Lager konfrontierte ihn mit sozialen Missständen, die selbst er noch nicht erlebt hatte. Er hat darüber sehr genauen Bericht abgelegt in einem Buch, das den wenig schönfärberischen Titel *Aufzeichnungen aus einem Totenhaus* trägt.

Es klingt ein wenig zynisch, aber aus Sicht der zaristischen Regierung war das Ergebnis der Strafe ein voller Erfolg. Der aus Sibirien nach St. Petersburg zurückgekehrte Dostojewski hatte dem Sozialismus abgeschworen und war ein getreuer Anhänger der griechisch-orthodoxen Kirche, der absoluten Monarchie und der Ideologie des Slawentums geworden. An Lastern besaß er eigentlich nur noch ein hervorstechendes: die Spielsucht, das Roulette.

Diese Sucht verschärfte Dostojewskis prekäre finanzielle Situation. Um es schlicht zu sagen: Er war bankrott, weil eine Literaturzeitschrift, die er zusammen mit seinem Bruder herausgegeben hatte, eingestellt werden musste. Rettung versprachen nur neue Verlagsverträge mit den entsprechenden Vorschüssen, und genau so dürfen wir uns die materiellen Entstehungsbedingungen von Dostojewskis vielleicht berühmtestem Werk *Schuld und Sühne* vorstellen. Der Roman entstand unter größtem wirtschaftlichem und zeitlichem Druck.

Schuld und Sühne, Prestuplenie i nakazanie ist die Geschichte eines fast perfekten Mordes. Der bettelarme Student Raskalnikow erschlägt eine alte, böse Pfandleiherin, weil sie aus seiner Sicht unberechtigterweise über Geld verfügt, das ihm fehlt. Doch während der Tat verliert der Student die Nerven, er raubt nur ein paar Kleinigkeiten und glaubt auch noch, eine Zeugin erschlagen zu müssen. Er kann sich aber in Sicherheit bringen und bleibt als Täter unerkannt. Er lernt eine junge Frau kennen, die sich als Prostituierte verdingen muss, die beiden lesen gemeinsam die Bibel, der Student geht zum Untersuchungsrichter und legt ein Geständnis ab.

Schneller kann man diese Geschichte kaum nacherzählen, doch im Kern sind alle wesentlichen Momente enthalten, gerade auch die kontroversen. Ein Kritiker bemerkte damals, es sei unerträglich, wie ein so großer Autor wie Dostojewski »so viel Jesus« über die Seiten sprenkeln könne. Ein anderer, der mit viel Recht hochgepriesene russische Schriftsteller Vladimir Nabokov, nannte den Roman *Schuld und Sühne* schlicht »eine besondere Form von Kitsch«.

Dostojewski konnte sich dagegen nicht wehren, er starb 1881, vielgeehrt übrigens, was beileibe nicht allen Kollegen gefiel. Seine Moral blieb umstritten. Dazu seien mir ein paar kleine Anmerkungen gestattet: Der Student Raskalnikow vergleicht sich bisweilen mit Napoleon und stellt sich die Frage: Warum darf dieser Franzose »für das Glück seiner Landsleute« so viele Menschen umbringen lassen, und was soll dann so verwerflich daran sein, wenn ich das Leben einer raffgierigen Pfandleiherin nehme?

Moralisch ist diese Frage in der Tat schwer zu beantworten, obwohl sich viele Päpste und andere Kirchenfürsten entschieden auf die Seite der Kriegsherren gestellt und genauso entschieden jeden Privatmörder verdammt haben.

Natürlich berührt das nicht das literarische Gewicht eines Romans, dessen außerliterarisches Verdienst darin besteht, uns ins Gedächtnis zu rufen, dass es das Böse, dass es, altmodisch gesagt, den Satan gibt, genauso wie es Gnade und Vergebung gibt, die großen Mysterien.

Literaturkritiker hätten es immer lieber eine Spur handlicher. Das Böse schlechthin ist einfach zu groß. Vielleicht ist Dostojewski auch deswegen so schwer zu fassen.

GRAHAM GREENE (1904–1991)

Die Kraft und die Herrlichkeit (1940) · Der dritte
Mann (1949) · Unser Mann in Havanna (1958)

Viele Romane aus der Feder Graham Greenes wurden
erfolgreich verfilmt, keiner so recht nach dem Geschmack des Autors. Der war einmal Filmkritiker gewesen und schätzte das Hintersinnige, das Spiel auch
mit dem Zuschauer. François Truffaut war einer seiner
Lieblingsregisseure. Umso mehr freute es den Schriftsteller, als er Truffaut Anfang der 1970er Jahre in einem
Fischrestaurant in Nizza begegnete und der Regisseur
Gefallen an ihm zu finden schien. Truffaut wusste nicht,
um wen es sich bei dem Fremden handelte, und ver-
pflichtete diesen auf der Stelle zu einer kleinen Rolle
in seinem Film *Die amerikanische Nacht*. Der Schriftsteller sollte, wie er am Drehort erfuhr, einen eher schäbi-
gen Handelsvertreter spielen. Graham Greene war auf
eine boshafte Weise entzückt. Wann erfährt man schon
einmal, für wen einen die Umwelt hält – und er spielte
seine kurze Szene mit Bravour. Erst am Ende des Drehs
erfuhr Truffaut, wen er sich da ausgeguckt hatte. Truffaut
war ein großer Bewunderer der Werke von Graham
Greene. Es soll eine Zeit gedauert haben, bis er seine
Fassung wiederfand. Lachen konnte Truffaut über diese
Begegnung erst Tage später.

Hilfreich an dieser Anekdote ist, dass sie gleich auf
mehrere Spuren lenkt: Zum einen weist sie auf das Er-

zähltalent von Graham Greene, bei dem das Moment
der Unterhaltung ganz gewiss nicht an letzter Stelle
steht. Man denke nur an so unvergessliche Stoffe wie
Der dritte Mann oder, fast zehn Jahre später entstanden,
Unser Mann in Havanna. Das waren literarische Vorlagen, von denen Filmproduzenten gern sagen: »Das wird
ganz großes Kino!«, wobei sich dann aber die Filme nur
in Ausnahmefällen − wie eben beim *Dritten Mann* − als
der Vorlage ebenbürtig erweisen. Und für jenen Film
schrieb Greene das Drehbuch höchstpersönlich.

Dann haben wir Graham Greene, den Liebhaber der
Verstellung, des Zwielichtigen, der Haltung des »als ob«.
Seine Helden verhalten sich dabei so unauffällig wie die
Prosa des Autors, die nichts mehr zu scheuen scheint als
Verführungskraft. Die Sprache dient diesem Schriftstel-
ler stets nur als Mittel zum Zweck, eine Fähigkeit, die
großes Talent und hohe Konzentration voraussetzt.

Nehmen wir noch einen dritten Punkt: François
Truffaut hatte, zurückhaltend gesagt, keine leichte Kindheit, er hat sich in vielen seiner Filme darauf bezogen.
Auf dem ganz anderen Ende des sozialen Spektrums
können wir solches von Graham Greene ebenso sagen.

Geboren wurde Henry Graham Greene, wie sein
voller Name lautet, Anfang Oktober 1904 in der Grafschaft Hertfortshire, nördlich von London, als Spross
einer wohlangesehenen und vermögenden Familie. Sein
Vater war ein namhafter Pädagoge, der 1910 zum Leiter
eines renommierten Internats berufen wurde, eines Internats, das auch sein Sohn besuchte.

Englischen Privatschulen ging damals der Ruf voraus, ihren Erziehern und auch ihren Zöglingen untereinander ein großes Maß an Grausamkeit, Demütigung und Schikane zu gestatten. Graham Greenes Schule machte da keine Ausnahme. Der schüchterne Sohn des Direktors wurde besonders unbarmherzig gequält. Ein paar Mal versuchte er sich umzubringen, er beschaffte sich einen Revolver und spielte russisches Roulette. Mit sechzehn wurde der Junge für sechs Monate einem Psychiater in London zur Behandlung übergeben, danach durfte er die Schule wenigstens nach Ende des Unterrichts verlassen.

Kündigt sich so die Rolle eines Außenseiters an? Wenn ja, dann fand Greene eine besondere Deutung dieser Rolle. Er suchte Sicherheit in akademischer Distanz, in der geschützten Position eines Kritikers und – ganz wichtig – im katholischen Glauben, zu dem er 1926 konvertierte. Nein, schrieb er später, er sei nie ein katholischer Autor gewesen, sondern ein Autor, der zufällig auch katholisch sei. Und er bewies das seiner Kirche mit solchem Nachdruck, dass sie einen seiner Romane flugs auf den Index setzte. Über Moral und über die Vergebung von Schuld klafften die Ansichten des Heiligen Stuhls und des Schriftstellers weit auseinander. Gerechterweise muss man hier anfügen, dass sich der Heilige Stuhl inzwischen um einiges bewegt hat.

Greenes sehr persönliches Verhältnis zur katholischen Kirche kommt vielleicht am besten in einem seiner berühmtesten Werke zum Ausdruck, dem Roman

The Power and the Glory, deutsch: *Die Kraft und die Herr-lichkeit*. Die Geschichte spielt in den 1930er Jahren in einem fiktiven Staat in Mittelamerika; vermutlich ist Mexiko gemeint, denn hier war Greene auch als Ge-heimagent seiner Regierung tätig. Ein linkes Regime hat sich an die Macht geputscht. Sein erbitterter Geg-ner ist die katholische Landeskirche, die sich zuvor mit den Kräften der Unterdrückung und der Ausbeutung gemein gemacht hat. Ein junger Priester, der Held des Romans, wird als Feind des neuen Regimes unbarm-herzig von einem jungen Leutnant verfolgt, der noch viele Rechnungen mit dem System der Kirche offen hat.

Nun ist dieser Priester alles andere als ein typischer Vertreter eben jener Kirche: Für ihn steht das Gebot der Nächstenliebe an oberster Stelle, jedenfalls dann, wenn er nüchtern ist. Dieser Priester ist nämlich auch ein schwerer Trinker, hat sogar im Rausch ein Kind gezeugt und befindet sich, streng theologisch gedacht, nicht mehr im allerhöchsten Stand der Gnade. Aber er spürt eine – bisweilen heftig verwunschene – Berufung in der Seelsorge für die Ausgestoßenen der Gesellschaft. Wenn man den Vergleich nicht übertreibt, kann man in ihm auch ein Spiegelbild jenes Revolutionärs sehen, der ihm jetzt in der Gestalt des jungen Leutnants von Unterschlupf zu Unterschlupf nachsetzt.

Am Ende wird der Priester verraten, er soll eine Beichte abnehmen, die ihn direkt in den Hinterhalt seiner Feinde lockt. Dem Priester ist klar, dass ihm eine Falle gestellt wurde, doch wenn das der Wille Gottes ist, gibt es hier eben kein Entkommen. So gerät er vor das Erschießungskommando, doch bevor er dort sein Ende findet, kommt es noch zu einem ausführlichen Gespräch mit seinem Verfolger, dem jungen Leutnant, über das Wesen und die Natur des Bösen. Und in diesem Gespräch lässt uns Graham Greene einen tiefen Blick in sein Verständnis von Sünde und Schuld tun.

Für Greene ist das Böse ein Teil unserer Welt und damit ein Teil unserer menschlichen Existenz. Auch literarische Figuren, wendet er einmal gegen seine schriftstellernden Zeitgenossen ein, auch literarische Figuren erhalten ihren tieferen Sinn, ihre Bedeutung nur dadurch, dass wir sie immer als mehr oder weniger deutliche Verkörperungen des Guten wie des Bösen verstehen.

Mit dieser Auffassung machte sich Greene nicht viele Freunde unter katholischen Theologen, denen an dem Roman *Die Kraft und die Herrlichkeit* einmal nicht gefiel, dass ausgerechnet ein Schnapspriester ihre Institution repräsentieren sollte, denen aber noch viel weniger gefiel, dass hier aus dem Bösen, wie sie behaupteten, ein Mysterium gemacht wurde. Den Herren gefiel das Böse besser, wenn es als Teufel mit spitzen Bockshörnchen, einem langen Schwanz und strengem Schwefelgeruch daherkam.

Genauso wenig begeistert waren manche seiner schreibenden Kollegen, allerdings aus anderen Gründen. Sie waren nämlich stolz darauf, das Feld der Literatur gerade von allen moralischen, pädagogischen Impulsen zu befreien. Und wenn schon moralisch, dann bitte auf Seiten des Sozialismus. Das Urteil, bei Greenes Büchern handele es sich um nur dürftig verkappte Herz-Jesu-Literatur, war noch eine der milderen Formen des Protestes.

Schriftsteller sind naturgemäß nicht weniger brot- oder ruhmneidisch als die Vertreter irgendeiner anderen Zunft. Bei Graham Greene verschärfte sich die Missgunst der Kollegen zusätzlich durch den Umstand, dass er zum einen ungeheuer erfolgreich, zum anderen aber auch noch ein so wunderbarer Unterhalter war. Der Sohn seines Freundes Evelyn, der Kritiker Auberon Waugh, sprach in seinem Nachruf auf Greene davon, wie dieser sich sein Publikum buchstäblich erobert habe, eben als Entertainer mit diesen – wir haben es bereits angesprochen – so klug beschränkten Stilmitteln.

Schauen wir uns diese Fähigkeit am Beispiel des Romans *Unser Mann in Havanna* an, jener Geschichte, die im Kuba der späten 1950er Jahre spielt, kurze Zeit vor dem Sieg der Revolution des späteren Máximo Líder Fidel Castro. Graham Greene, füge ich schnell hinzu, war ein Anhänger Castros. Auch damit stand er unter Katholiken ziemlich allein.

Unser Mann in Havanna heißt James Wormold und ist Vertreter für Staubsauger. Die Geschäfte laufen nicht besonders gut, die Kapriolen der Tochter verschlingen viel Geld. Als also ein Agent des britischen Geheimdienstes Mr. Wormold auffordert, ein Spionagenetz aufzubauen, willigt der Staubsaugervertreter ein. Er hat keine Ahnung, welche Erkenntnisse von ihm verlangt werden, dafür verstehen weder sein Führungsoffizier noch dessen Vorgesetzte etwas von Staubsaugern. So schickt er, um seinen Arbeitgebern in London dennoch Dokumente liefern zu können, Baupläne von Staubsaugern an die Zentrale, die dort als Entwürfe für den Aufbau einer Atomanlage interpretiert werden. Modisch gesprochen: als Blaupausen für Massenvernichtungswaffen.

Das geht fürs Erste gut, das kann aber auf Dauer nicht wirklich gutgehen. Menschen kommen ums Leben, die das Erfundene für bare Münze genommen haben, am Schluss fliegt der Schwindel auf. Selbstverständlich kommt es zu keinem Skandal, dafür haben sich zu viele hochrangige Funktionsträger blamiert. Im Gegenteil: Unser Mann in Havanna wird am Ende noch mit einem Verdienstorden bedacht, einem nicht sehr bedeutenden allerdings.

Das ist schreiend komisch, gewiss. Wenn man allerdings die Geschichte aus einer anderen Position betrachtet, fünfzig Jahre später, diesmal spielt sie im Irak, aber wieder geht es um geheimdienstliche Erkenntnisse, wenn man den Roman aus *diesem* Blickwinkel betrachtet, dann kommt das Lachen etwas stockend.

Die Welt der Geheimnisse scheint für viele englische Schriftsteller des 20. Jahrhunderts, jedenfalls für eine bestimmte Periode ihres Lebens, das natürliche Habitat gewesen zu sein. Man denke an Somerset Maugham, an Anthony Powell, an den schon erwähnten Evelyn Waugh oder, etwas näher am zeitgenössischen Buchmarkt, an John Le Carré. Graham Greene sticht aus diesem Kreis durch seine Hellsichtigkeit und seine scheinbar altmodischen Moralvorstellungen hervor – und eben auch durch seine unverkennbare politische Parteinahme.

Der stille Amerikaner etwa, die Hauptfigur in Greenes gleichnamigem, in den frühen 1950er Jahren in Vietnam angesiedeltem Roman, ist ein Agent, der durch die Dummheit seines Patriotismus Unheil anrichtet. Er beherrscht nicht einmal die Kunst der Verstellung, hat nicht einmal die Größe zum Bösen. Auch aus diesem Roman fällt ein langer Schatten in die Zukunft – das Buch ist den realen Entwicklungen in Südostasien um mehr als ein Jahrzehnt voraus.

Wir bleiben zum Ende bei der Kunst der Verstellung. Eine englische Literaturzeitschrift hatte, das war kurz nach dem letzten Weltkrieg, einen Wettbewerb unter ihren Lesern veranstaltet: Wer kann im Stil von Graham Greene den ersten Absatz eines Romans schreiben?, lautete die Preisfrage. Den zweiten Platz belegte eine Autorin, die allerdings unter Pseudonym schrieb. Es handelte sich um die Gattin von Graham Greene. Den ersten Preis errang ein Schriftsteller, der seine Nachschöpfung gleichfalls unter einem erfundenen Namen eingereicht hatte. Sie ahnen es, meine Damen und Herren: Es war Graham Greene selbst.

OSCAR WILDE (1854–1900)

Das Bildnis des Dorian Gray (1890)
Ernst sein ist alles (1895)

Stellen wir uns einen gut aussehenden, auffällig extravagant gekleideten Mann von, sagen wir, dreißig Jahren vor, der mit einer mal honigsüßen, mal braunsamtigen Stimme Sätze sagt wie: »Nur langweilige Menschen sind schon beim Frühstück brillant.« Oder: »Ich habe nichts zu verzollen, außer meinem Genie.« Oder: »Manche Menschen bringen Glück, wohin sie auch gehen, andere, *sobald* sie gehen.« Oder: »Sobald mir die Leute zustimmen, habe ich immer das Gefühl, etwas Falsches gesagt zu haben.«

Wer derartige Aussprüche hört, denkt vielleicht: Wie witzig! Möglicherweise auch: Das ist mir ein wenig zu geistreich. Oder: Wofür hält der sich eigentlich? Der Erfinder dieser Bonmots erfuhr all diese Reaktionen. Als die Zahl der Kritiker die seiner Anhänger überwog, brach ihm die öffentliche Stimmung den Hals.

Er hieß Oscar Wilde, wurde 1854 in Dublin in eine wohlhabende Familie hineingeboren und starb im November 1900 in Paris. Der Tod fand ihn in einer armseligen Absteige, und, wie es sich für einen Mann von Stil gehörte, mit einem Glas kühlen Champagners in der Hand. Seine letzten Worte waren, so berichtet ein Zeuge: »Ich sterbe, wie ich gelebt habe: über meine Verhältnisse.«

Oscar Wilde war – und ist heute noch – einer der meistgespielten Theaterautoren. Er schrieb auch Gedichte und Märchen, Essays und einen Roman. Doch bekannt wurde er zunächst durch sein Auftreten, durch einen Lebensstil, der den Ausdruck des Schönen zum höchsten Prinzip erklärte. Ästhetizismus als die wahre Kunstform lautete sein Programm, denn das Leben imitiere die Kunst weit mehr als die Kunst das Leben.

Was ist hier die Botschaft? Nun, dass die Kunst die Verpflichtung habe, gleichsam anarchistisch mit den tristen Erscheinungsformen des Alltagslebens, den gesellschaftlichen Konventionen, der überkommenen Moral aufzuräumen. Nicht aber durch eine ideologische Zusammenrottung gesellschaftskritischer Verbände, sondern durch das individuelle Beispiel. Wie eben durch den locker-eleganten Lebensstil, den unser Autor selber vorführte.

Ich habe jetzt zwei Begriffe gebraucht, die, recht besehen, in diesem Zusammenhang nichts verloren haben: »Verpflichtung« und »Botschaft«. Denn sie beschwören den Gedanken des Apostelhaften, des Missionarischen – und über weniges hätte Oscar Wilde mehr gespöttelt. Ein Dandy, und das war der Schriftsteller, ein Dandy predigt nicht, er setzt Effekte.

Nun hängt die Wirksamkeit von Effekten naturgemäß davon ab, wer sie produziert und wie viel intellektuelles Gewicht derjenige besitzt. Deshalb werfen wir einen kurzen Blick auf die frühe Biographie unseres Helden.

Oscar Wilde entstammte einer nicht nur wohlhabenden, sondern auch eher ungewöhnlichen Familie. Der Vater war der angesehenste Augen- und Ohrenarzt Irlands. In seiner Freizeit schrieb er Bücher über das irische Altertum und gälische Folklore. Eine Reihe von wohltätigen medizinischen Stiftungen sind mit seinem Namen verbunden und auch (mindestens) zwei Kinder, die er nicht mit seiner Frau gezeugt hatte.

Diese Frau, Oscar Wildes Mutter, war gleichfalls eine passionierte Verfechterin und Erforscherin der irischen Kultur, verfasste patriotische Gedichte und unterhielt in Dublin einen Salon, in dem die geistigen Größen der Zeit verkehrten.

Man darf sich daher das Leben des jungen Oscar als durchaus intellektuell und künstlerisch angeregt vorstellen. Erwähnen wir noch das Wirken eines französischen Kindermädchens und einer deutschen Gouvernante, dann rundet sich das Bild ab. Deutsch und Französisch waren hinfort für Wilde keine Fremdsprachen. Später, da war er allerdings schon zweiundvierzig, schrieb er ein Versdrama auf Französisch, jene *Salomé*, die übrigens kurz darauf der fünf Jahre jüngere Richard Strauss als Vorlage für eine Oper nahm.

An der Universität, erst am renommierten Trinity College in Dublin, später am nicht weniger reputierlichen Magdalen College in Oxford, belegte Wilde das Fach Gräzistik. Er studierte also die klassische griechische Sprache und Kultur und wurde ob seiner akademischen Brillanz bald zum Liebling der Professorenschaft. Man muss betonen, ob seiner *akademischen* Brillanz, denn nicht alle Lehrenden – auch nicht alle Kommilitonen – fanden sich leicht mit einem Studenten ab, der sein Zimmer verschwenderisch mit Sonnenblumen, Pfauenfedern und erlesenem Porzellan dekorierte und seine Haare bis auf die Schultern trug. Oscar Wilde scheint auch wenig Gefallen an den so beliebten sportlichen Aktivitäten seiner Universität gefunden zu haben, allerdings vermerkt ein Zeuge mit unverhohlener Bewunderung, dass er einmal vier Kommilitonen, die ihn bedrängten, ohne fremde Hilfe ausknockte.

Ein wenig wichtiger ist gewiss der Hinweis, dass Wilde in Oxford zwei bedeutenden Kunsttheoretikern und Kunsthistorikern begegnete, die seine Vorstellung von Ästhetik nachhaltig prägten und ihn überzeugten, dass das Schöne immer nur einen Schritt weit von seinem Untergang angesiedelt ist. Als er allerdings versuchte, seine Überlegungen in eine akademische Form zu gießen, die ihm eine Universitätslaufbahn hätte sichern können, scheiterte er. Dabei hatte selten zuvor ein Student bessere Abschlussnoten erhalten.

Es waren vielleicht exaltierte Gesten, mit denen Oscar Wilde sein Leben schmückte, doch sie waren keinesfalls hohl. Nur oft erfolglos. Wie das Werben um seine Jugendliebe Florence Balcombe. Die verlobte sich stattdessen mit Bram Stoker, dem späteren Autor von *Dracula*.

Der Durchbruch stellte sich erst 1890/1891 ein, als Wilde den Roman *Das Bildnis des Dorian Gray* veröffentlichte, die Geschichte eines schönen jungen Mannes, eben jenes Dorian Gray, der seinem eigenen Porträt verfällt. Dieses Gemälde weckt in ihm das heftige Begehren, nicht er, sondern das Bild möge an seiner Stelle altern. Er schließt einen Pakt mit dem Teufel, hier in der Gestalt des abgründig-zynischen Dandys Lord Henry Wotton, der ihm im Tausch für die ewige Jugend seine Seele nimmt. Dorian Gray altert nicht und kostet alle Ausschweifungen aus, die das Leben einem schönen, ewig jungen Mann bieten kann, während das Gesicht auf dem Porträt zunehmend altert und all die Züge moralischen Verfalls annimmt, die der Preis für diese Ausschweifungen sind.

Eines Tages zeigt ihm der Maler das Bildnis. Dorian Gray gerät ob des entsetzlichen Anblicks in schrecklichen Zorn, ersticht den Maler, beseitigt die Leiche und führt weiterhin ein Leben voller Laster. Schließlich erträgt er es nicht mehr, das Porträt, das er auf dem Dachboden aufbewahrt, anzuschauen. Er zerfetzt es mit einem Messer, worauf es in seiner ursprünglichen Schönheit wieder aufersteht. Statt des Bildnisses trägt nun aber Dorian Gray selbst das entstellte, sein wahres Antlitz. Seine Diener finden ihn, das Messer im Herzen, und erkennen ihn allein noch an den kostbaren Ringen an seinen Fingern.

Klar, das ist gruselig, viktorianisch, melodramatisch, und es sagt auch eine ganze Menge über den Geschmack jener Epoche aus, dass dieses Buch zu einem gewaltigen Kassenschlager werden konnte. Aber Wilde hatte einen Nerv des Publikums getroffen: Nennen wir es die Vermutung des Schrecklichen hinter dem Schönen. Denkt man an den Titel des berühmten Gedichtbandes *Die Blumen des Bösen* von Charles Baudelaire, so erkennt man ein literarisches Muster. Ein Muster, bei dem sich einige der Motive des Symbolismus, etwa der Kampf gegen die Realität des Alltags, mit jenen der Dekadenz, der Bestimmung zum Untergang, verflechten.

Was den Roman *Das Bildnis des Dorian Gray* aber vor theoretischen Verstiegenheiten rettet, ist der Sprachwitz seines Autors. Nein, Oscar Wilde hat sich mit dem Verführer, dem teuflischen Lord Henry Wotton, kein Selbstporträt geschaffen. Aber sehr häufig redet Lord Henry wie Oscar Wilde. Und es kommt ja nun selten genug vor, dass man über den Teufel herzhaft lachen kann.

Wir bleiben beim Lachen und kommen zum bekanntesten Theaterstück von Oscar Wilde. Auf Deutsch trägt es verschiedene Titel, am besten trifft: *Ernst sein ist alles*, denn auch das englische Original *The Importance of Being Earnest* spielt mit der Doppelbedeutung von Ernst als Vorname und als Geistesverfassung. Man übertreibt nicht, wenn man das Stück eine Farce nennt, doch damit wird leider unterschlagen, dass Oscar Wilde hier ganz bewusst nur mit Oberflächen spielt.

Zur Erinnerung die Handlung: Zwei junge Männer, John und Algernon, schlüpfen in fiktive Gestalten, wenn sie in London unerkannt ihren Vergnügungen nachgehen wollen. Algernon besucht dann angeblich einen kranken Freund namens Bunbury, John gibt sich als dessen angeblicher Bruder Ernst aus. John liebt Gwendolin, die Kusine von Algernon. Gwendolin hat eine Schwäche für den Namen Ernst, also verspricht ihr John, sich umtaufen zu lassen.

Keine Sorge, es kommt noch verwirrender: Algernon, also der mit der Kusine Gwendolin, in die John verliebt ist, taucht eines Tages in dessen Haus auf und behauptet, jener mysteriöse Bruder Ernst zu sein, also die Person, unter deren Namen sich John in London ausgelassene Tage gönnt. Das ist als Scherz gedacht, wird aber Ernst, als sich das Mündel von John, die hübsche Cecily, in diesen Ernst, also in Algernon, verliebt. Auch Cecily hat eine Schwäche für den Namen Ernst. So weit der Knoten, er wird auf haarsträubende Weise gelöst, am Ende fallen sich alle Paare in die Arme.

Das Publikum liebte das Stück, und als der Autor vor den Vorhang trat und den Zuschauern bescheinigte, sie hätten sich hervorragend und sehr intelligent verhalten, klatschten diese noch heftiger. »Ich halte von Ihnen fast so viel wie von dem Stück!«, sagte Wilde zum Abschied.

Es ist dieser Aspekt der Leichtfertigkeit, den ich vorhin meinte, als ich von einem Theaterstück als reine Oberfläche sprach. Wir sind hier nahe am Theater des Absurden, nur kriegen wir Seitenstechen vom Lachen.

Dem Triumph folgte nur zwei Jahre später die Wendung ins Tragische. Wilde hatte sich in Alfred Douglas, den Sohn des Marquess of Queensberry, verliebt. Der

Marquess, ein eher ungustiöser Zeitgenosse, der schon das Verhältnis eines anderen Sohnes mit dem Premierminister nur zähneknirschend toleriert hatte, drohte Wilde, ihn zu verprügeln, sollte der sich weiter mit seinem Sprössling in der Öffentlichkeit zeigen.

Es kam zu einem, es kam zu mehreren hässlichen Gerichtsverfahren. Die Presse liebte den Skandal, denn er enthielt alle Elemente, die einen Prozess massentauglich machten: Hochadel, Homosexualität, die damals natürlich verboten war, ein stadtbekannter Dandy, der auch noch als Theaterautor reüssiert hatte, was wollte man mehr.

Oscar Wilde beging nun den verhängnisvollsten Fehler seines Lebens, er spielte vor Gericht die Rolle weiter, die er sich auf den Leib geschrieben hatte, gab den witzigen, den ironischen Zyniker, zeigte dem Staatsanwalt und dem Richter seine rhetorische Überlegenheit. Und er verkannte, dass sich die öffentliche Meinung inzwischen vollkommen gegen ihn gewandt hatte. Am Ende der Verhandlungen wurde er zu zwei Jahren Zuchthaus verurteilt, der Höchststrafe.

Über seine Zeit im Gefängnis hat er eine düstere Ballade geschrieben, im Kerker zog er sich eine Hirnhautentzündung zu, an der er unter jenen anfangs erwähnten erbärmlichen Umständen in Paris starb.

Erst zwei Jahrzehnte später entdeckte man wieder seinen Witz, entdeckte man, wie viele seiner Bonmots inzwischen zum englischen Sprachgebrauch zählten. Eine seiner größten Bewunderinnen, die berühmte amerikanische Journalistin Dorothy Parker, fasste es einmal in einem Epigramm zusammen, das ich zum Schluss in meiner rumpeligen Übersetzung vortragen darf:

> »Mach' ich in geistreichem Revier
> Bonmots, 'nen Witz, Couplets sogar,
> dann sag' ich nie, das ist von mir,
> denn jeder denkt: das ist von Oscar.«

Thomas Mann (1875–1955)

Buddenbrooks (1901) · Betrachtungen eines
Unpolitischen (1918) · Doktor Faustus (1947)

Ein Steppenwolf ist zu einem Abendessen geladen. So
etwas kommt vor. Der Gast findet sich auch ein, was
allerdings ein wenig ungewöhnlich ist. Steppenwölfe
ziehen bekanntlich die Einsamkeit vor. Dieser Steppenwolf, mit bürgerlichem Namen heißt er Hermann
Hesse, ist also der Einladung gefolgt, will aber in der
feinen Gesellschaft, wenn mir das Bild gestattet ist, den
Pelz nicht ganz abstreifen. Will wenigstens noch ein
klein wenig Steppenwolf bleiben. Und was macht der
Gastgeber?

Nun, wenn er Thomas Mann heißt, spitzt er die Lippen und sagt zu dem Steppenwolf mit vornehmer,
leicht norddeutscher Dialektfärbung: »Ich mache Sie
darauf aufmerksam, in dieser Suppe sind entzückende
Klößchen.«

Damit hat der Steppenwolf nicht gerechnet. Erst
wenn er wieder in seiner kargen Ödnis ist, wird er sich
über den Gastgeber mokieren. Hinter vorgehaltener
Pfote, versteht sich.

Thomas Mann war der Grandseigneur der deutschen, in vieler Hinsicht auch der Weltliteratur des vergangenen Jahrhunderts. Damit erzähle ich nichts Neues,
keine Dichtergestalt, sehen wir einmal von den Weimarer Klassikern ab, ist von sich selber und von vielen,

vielen anderen so genau untersucht, interpretiert, gewürdigt worden. Und nicht nur mit jedem Geburts- oder Todestag vermehrt sich die Zahl der Deuter – in akademischen Schriften und in Beiträgen für volkstümlichere Medien.

Dem Schriftsteller, auch das kann man unumwunden sagen, waren Huldigungen nicht unangenehm. Mit Kritik konnte er weniger gut umgehen. Große Künstler sind stets auch außergewöhnlich sensibel. Thomas Mann sah sich nicht ungern in der Nachfolge jenes großen Dichterkollegen, der mehr als vier Jahrzehnte vor seiner Geburt verstorben war und vorgeführt hatte, wie man Gelehrsamkeit, Beobachtungsgabe und Sprachkunst miteinander verbinden kann. Gut, Thomas Mann hatte keine Farbenlehre entwickelt wie Johann Wolfgang von Goethe oder über Naturphilosophie veröffentlicht. Doch er fühlte sich nicht wenig geschmeichelt, wenn ihm Mediziner nach Erscheinen des *Zauberbergs* höchste fachliche Kenntnisse, Komponisten nach Erscheinen des *Doktor Faustus* ein meisterliches Beherrschen der zeitgenössischen Kompositionstheorien attestierten.

Goethe war für Thomas Mann die eine große Bezugsperson, Friedrich Nietzsche die andere. Man möge mir an dieser Stelle eine intellektuelle Grobheit nachsehen, wenn ich es so ausdrücke: Goethe stand für das Bewahren von kulturellen Werten in all ihren Widersprüchen, Nietzsche für das Ungezügelte, das verlockend Irrationale. Wenn Thomas Mann Goethe beschreibt, etwa in seinem Roman *Lotte in Weimar* (1939), dann finden wir in dem dargestellten Schriftsteller auch viel von Mann selbst; nennen wir es mit dem Meister: das Leistungsethische.

Und genauso offensichtlich und von der Forschung überdeutlich herausgearbeitet ist die Ähnlichkeit des wilden Komponisten Adrian Leverkühn im Roman *Doktor Faustus* mit dem von Thomas Mann anfangs nicht ohne Glühen verehrten Friedrich Nietzsche.

Naturgemäß gehen derlei Vergleiche nie vollständig auf: Nietzsche musste nicht wie der Komponist im *Doktor Faustus* erst einen Pakt mit dem Teufel eingehen, um als Künstler auf sich aufmerksam zu machen – jedenfalls finden wir davon nichts in seiner Biographie. Andererseits starb er an derselben Krankheit wie der Komponist. Und Goethe, das wissen wir aus seiner Biographie, konnte auch im hohen Alter bisweilen so über die Stränge schlagen, dass er damit einem Befürworter des Ungezügelten großen Respekt abverlangte.

Unsere Eingangsszene, die Begegnung mit dem Steppenwolf, trug sich im Frühjahr 1929 zu, wenige Monate bevor Thomas Mann von der Schwedischen Akademie der Nobelpreis für Literatur zuerkannt wurde. Die Kommission hob in ihrer Begründung insbesondere den Roman *Buddenbrooks. Verfall einer Familie* hervor, jenes Werk, das 1901 erschienen war und den damals gerade sechsundzwanzigjährigen Autor schnell und nachhaltig berühmt gemacht hatte.

Buddenbrooks, ich fasse das hier kurz zusammen, ist die Geschichte von drei Generationen einer Lübecker

Kaufmannsfamilie, deren Aufstieg und Niedergang sich zwischen den dreißiger und späten siebziger Jahren des 19. Jahrhunderts zuträgt. Es ist die Geschichte einer Familie und gleichzeitig eine Rekonstruktion des Aufstiegs und Niedergangs bürgerlicher Werte in der deutschen Gesellschaft. Der Ahnherr Johann Buddenbrook ist noch geprägt vom bildungsbürgerlichen Liberalismus, die Welt der Geschäfte ist nur ein Teil seiner Welt. Sein Sohn und Erbe Thomas verkörpert bereits eine neue Art der Lebensführung: die strikte Orientierung am geschäftlichen Erfolg, verbrämt mit einer protestantisch frömmelnden Ideologie, die dem Kommerz ein strenges geistliches Häubchen aufsetzt.

Johann Buddenbrook hat vier Kinder in die Welt gesetzt, von denen nur Thomas das Zeug zum Kaufmann hat. Sein Bruder Christian versäuft, verspielt und verhurt sein Erbteil. Die eine Schwester stirbt bald nach ihrer Heirat, die andere, Tony, geht zwei unglückliche Ehen ein, beide belasten das Familienvermögen nicht unerheblich.

Die Zeichen des Verfalls sind bereits überdeutlich zu lesen, doch Thomas Buddenbrook gelingt es für kurze Zeit, Firma und Familie zu neuem Ansehen zu führen. Er leistet sich sogar die Ehe mit einer Stadtfremden, einer wohlhabenden Holländerin, deren ungewöhnliche musikalische Begabung einen neuen Zug in die Familie trägt, der letztlich das Schicksal der Buddenbrooks besiegelt: Ihr Sohn Hanno, der Stammhalter, hätte nicht zum Kaufmann, hätte vielleicht zum

Künstler getaugt, doch er stirbt noch als Knabe an Typhus.

Man kann diesen Roman als Chiffre lesen, als Chiffre für die melancholische Gemütslage Ende des 19. Jahrhunderts. Man kann den Text auch nach biographischen Selbstanzeigen durchkämmen, auch dabei wird man gleichsam widerstandslos fündig. Jawohl, wie Hanno Buddenbrook war auch Thomas Mann ein schlechter Schüler – wenn denn gute Schüler sich dadurch auszeichnen, dass sie das Klassenziel erreichen. Wie Hanno verliebte sich auch Thomas in einen Mitschüler und genauso unglücklich in eine Mitschülerin. Und und und ... Tanten und Onkel boten dankbare Vorlagen, die unser Autor gerne und bis ins kleinste Detail nutzte. Auch diese Eigenart – oder Ungezogenheit – behielt er bis ins hohe Alter, bis ins Spätwerk bei. In Lübeck sind ihm deswegen noch heute verschiedene Personen gram.

Will man aber keine germanistische Perspektive verfolgen, dann rate ich dazu, das Werk schlicht als Literatur zu nehmen, als einen wunderbaren Beleg künstlerischer Virtuosität und ironischer Verfremdung. Und als ein staunenswertes Beispiel eines Romans, der in den mehr als hundert Jahren seit seinem ersten Erscheinen kaum gealtert ist.

Der nächste schriftstellerische Erfolg, der sich an dem der *Buddenbrooks* messen konnte, stellte sich erst 1924 mit der Veröffentlichung des *Zauberbergs* ein. Thomas Mann lebte inzwischen in München, bestens situiert. Seine Frau Katia, geborene Pringsheim, Tochter eines Multimillionärs, die ihm sechs Kinder geboren hatte, hatte sich 1912 zum Auskurieren einer Lungenkrankheit in ein Sanatorium nach Davos begeben. Als ihr Mann sie dort in den Alpen besuchte, entstand der erste Entwurf eben jenes *Zauberbergs*.

Dass dieser Roman aber erst relativ spät fertiggestellt wurde, hing mit einem anderen, sehr umfangreichen Buch zusammen, das Thomas Mann glaubte, vorausschicken zu müssen, um den *Zauberberg* nicht mit zu vielen Reflexionen zu belasten. So entstanden die *Betrachtungen eines Unpolitischen*, eine wunderliche Zusammenfassung aller Gedanken, die Thomas Mann nach dem Ausbruch des Ersten Weltkriegs durch den Kopf gegangen waren.

Wer verstehen will, welche uns heute absonderlich erscheinenden Ideen einen bürgerlichen deutschen Patrioten in den Jahren nach 1914 umtreiben konnten, dem seien diese *Betrachtungen* ans Herz gelegt. Empfindliche Bewunderer von Thomas Mann sollten sich diese verquere Liebeserklärung an das Deutschtum eher versagen.

Der Schriftsteller spielt das »deutsche Wesen«, das »von der Seele« und nicht »von der Gesellschaft« bestimmt sei, gegen die zivilisierte »Vernünftelei« der Kulturen Frankreichs, Englands und der USA aus. Er verteidigt die »machtgeschützte Innerlichkeit« Deutschlands gegen demokratische Reformen und verklärt – hier wird es besonders ungustiös – den Krieg als »die

Veredlung und Verfeinerung« des Menschen. Darüber hinaus seien, schreibt er, »Bett-Tode so grässlich wie nur irgendein Feldtod«. Anders gesagt: Auch der zivile Tod kennt seinen Schrecken.

Das konnte der Dichter so sehen, dessen einziger Einsatz für das Vaterland, den er – neben dieser Schrift – geleistet hatte, im Zeichnen von Kriegsanleihen bestand. Das dürfte anders beurteilt haben, wer Opfer von Giftgaseinsätzen oder jener – ebenfalls von Mann rückhaltlos befürworteten – uneingeschränkten U-Boot-Angriffe geworden war.

Wer bedenkt, mit wie viel strategischem Geschick Thomas Mann seine Leser durch die so hochkomplexe Tetralogie *Joseph und seine Brüder* oder den Roman *Doktor Faustus* leitet, den befällt Trübsinn angesichts des ungaren intellektuellen Kuddelmuddels, das der Schriftsteller in den *Betrachtungen eines Unpolitischen* verzapfte.

Andererseits – und Gott sei Dank gibt es ein Andererseits – revidierte Thomas Mann in der Zeit der Weimarer Republik und der zunehmenden Bedrohung durch die Nationalsozialisten wie auch später im Exil viele der hurrapatriotischen und in der Tat »unpolitischen« Positionen jener *Betrachtungen* aus den Jahren 1915 bis 1918. Er wurde zunehmend zu einer ästhetischen und moralischen Instanz, er »repräsentierte« jene kulturellen Werte, die das meist hässliche Tagesgeschehen transzendierten. Sein erlesener Lebensstil war der Ausdruck eines »Erwählten«, für seine Kinder war er »der Zauberer«, für die Kulturnation Deutschland ein

Aushängeschild. Selbst Hermann Hesse, selbst der knurrige Steppenwolf, musste bei allen Vorbehalten gerade gegenüber dem *Zauberberg* einräumen: »Oft dünn, dürr, trocken, aber er beherrscht den Kram.«

Es kann den Nazis nicht ganz leicht gefallen sein, dieses Prunkstück aus dem Kreis ihrer Umworbenen zu verbannen. Dennoch lag bereits im Juni 1933 ein Haftbefehl vor, der den Schriftsteller bei dessen Ergreifung ins Konzentrationslager Dachau befördert hätte. Es dauerte umgekehrt dreieinhalb Jahre, bis Thomas Mann diese Verbannung öffentlich zugab. Andere Exilanten, Bert Brecht zum Beispiel, haben ihm das nie verziehen. Aber Bert Brecht war ohnehin kein Kollege, dessen Lob Thomas Mann gesucht hätte. Andere Flüchtlinge standen ihm näher, und er half ihnen, oft großzügig.

Die literarische Aufarbeitung der nationalsozialistischen Verführung seiner deutschen Landsleute leistete Thomas Mann in dem Roman *Doktor Faustus*. Vordergründig geht es um die Biographie des Komponisten Adrian Leverkühn, die ein gewisser Serenus Zeitblom verfasst. Bei diesem handelt es sich um niemand anderen als Thomas Mann selbst, naturgemäß literarisch verkleidet. Um seiner Musik, die er als uninspiriert empfindet, Feuer und Zauber zu verleihen, schließt Leverkühn – wie weiland Faust – einen Pakt mit dem Bösen, dem Dämonischen. Der Handel hat Erfolg, Leverkühn kann nun die Musik schaffen, die ihm vorschwebt, aber er geht letztlich daran zugrunde.

Der Teufel, der Dämon, die Versuchung des Irrationalen lässt sich anspielungsreich mit dem Nationalsozialismus, etwas schlichter mit Adolf Hitler gleichsetzen. Die Parabel zielt auf das verführte Deutschland, das Deutschland, fügen wir schnell hinzu, das sich begierig verführen ließ.

Aber dieser Roman, und hier bleibt sich Thomas Mann treu, ist in allererster Linie Roman, nicht Demonstrationsobjekt für eine Idee. Thomas Mann war als Rollenspieler nicht weniger begabt als sein Hochstapler Felix Krull. Manche Rollen, ganz besonders die des Theoretikers untergehender Gesellschaften, lagen ihm nicht, deswegen möchten wir die *Betrachtungen eines Unpolitischen* auch nur als missglückten Auftritt im Gedächtnis bewahren.

Und wenn einem jemand entgegenhält, das Werk röche doch nur nach verstaubtem Bildungsbürgertum, nach einer Literatur für die oberen Regale, dann halte man es wie Oskar Maria Graf: Man gebe dem Kerl eins auf die Nase!

MICHEL DE MONTAIGNE (1533–1592)

Essais (1580)

»Die nachfolgenden Zeilen haben sich die Aufgabe gestellt, in hermeneutischer Absicht den Zusammenhang
zwischen einer individuell begründeten Analyse gesellschaftlicher Tatbestände und diskreter, durch die Statis-
tik verifizierbarer Daten im Licht historischer Konstel-
lationsoptionen darzustellen …«

So oder so ähnlich könnte man ein Kapitel anfangen
und schon bald erleben, wie Sie, liebe Leser, erbar-
mungslos und ohne viel Federlesen das Buch zuklap-
pen und in die nächste Ecke befördern – ein entschlos-
sener Akt zur Befreiung von sprachlichem Müll und
pseudowissenschaftlichem Bombast. Gewiss zu Ihrem
Besseren.

Daher ganz schnell: Hier soll es um einen Autor gehen, der uns vorgeführt hat, wie man gescheit, witzig
und doch keineswegs oberflächlich über noch die ver-
zwicktesten Zusammenhänge der Natur, des Denkens,
der Gefühle, des menschlichen Miteinanders reden kann,
ohne dass die Leser über unbeholfene Fremdwörter
stolpern müssen und mit den Stulpenstiefeln schwerer,
unbekannter Begriffe in die Flucht gejagt werden.

Wir sprechen von Michel de Montaigne, einem
Denker und Schriftsteller des 16. Jahrhunderts, der sich
die Freiheit nahm, die Dinge dieser Welt so zu betrach-

ten und – wichtiger noch – so darzustellen, wie er sie sah, und nicht, wie er sie dargestellt in Büchern vorfand. Mit seiner Herangehens- und Ausdrucksweise schuf er eine völlig neue Gattung in der Literatur: Er begründete die Kunst des Essays.

Das war nichts weniger als eine kleine kopernikanische Revolution in der Geistesgeschichte. Nur in umgekehrter Richtung: Montaigne stellte wieder den Menschen in den Mittelpunkt des Geschehens. Nicht scholastische Systeme erklären uns die Welt, nein, wir müssen unbefangen unsere eigene Perspektive finden.

Michel de Montaigne behauptete schlicht: Aufschlussreich ist stets nur, was mir, dem subjektiven Betrachter, bei der Analyse eines Vorgangs einleuchtet. Damit stellte er die Verfahren, die Gesetze der Wissenschaft nicht infrage, das wäre ja töricht und gegen jede Vernunft gewesen, er beharrte nur darauf, dass es auch eine spezifische, eine jedem Individuum gemäße Perspektive geben müsse. Und für die Darstellung dieser Perspektive fand er jene literarische Form, der er die – gattungsgeschichtliche – Bezeichnung »Essay« gab.

Ein Essay ist, das verrät uns das französische Wort, ein Versuch. Das Verb *essayer* heißt auf Deutsch »versuchen«, »sich einer Sache nähern«. Gemeint ist das Sich-Herantasten an einen noch unbekannten Gegenstandsbereich. Im Vordergrund steht das skeptische, das nicht von jeder Buchweisheit überzeugte Individuum.

Montaigne selber charakterisierte das Vorgehen so: »Ich beschreibe mich von oben und unten, von vorne und hinten, von rechts und links.« Man kann das auch Selbstergründung nennen. Es ist ein Verfahren, mit dem verhindert werden soll, Vorurteilen auf den Leim zu gehen, indem aus der konkreten Betrachtung des Einzelnen auf den allgemeinen Zusammenhang geschlossen wird.

Michel de Montaigne praktizierte seine Methode mit sehr viel Humor – oder sagen wir es in Verbeugung vor dem Autor – mit sehr viel *esprit*. Seine *Essais* funkeln vor Erkenntnis, Aufklärung, intellektuellem Nasenpulver. Die scheinbar naiven, spielerischen, wenn man so will, »experimentellen« Fragen nach dem biographischen Bezug sollen schließlich auch ein wenig Spaß bereiten.

Michel Eyquem de Montaigne, geboren 1533, entstammt einer vergleichsweise wohlhabenden französischen Familie aus der Gascogne. Sein Vater, ein äußerst gebildeter Humanist, gab den Sohn in die Obhut eines deutschen Hauslehrers, der mit dem Bub aber nur auf Latein reden durfte. Französisch galt als ähnlich vulgär wie das Deutsche, seine Muttersprache durfte Michel erst wieder auf der Schule in Bordeaux sprechen.

Die Familie erwartete ein Jurastudium. Also studierte der junge Mann Jura, nahm im Stadtrat von Bordeaux ein seiner Herkunft und seinem Studium entsprechendes Amt ein. Er verhielt sich, nennen wir es »den Regeln konform«, was bei einem so freizügigen Denker fast ein wenig verwundert. Auch seine Ehe wird als eine »aus Vernunftgründen geschlossene Bezie-

hung« beschrieben; er heiratete die Tochter eines Rats-
kollegen. Doch Planung hin oder her, es kommen immerhin sechs Töchter auf die Welt.

Vielleicht suchte er in geordneten Verhältnissen
Ruhe vor dem äußeren Unfrieden. Die politische Lage in Frankreich war damals äußerst angespannt, es
herrschte ein Religionskrieg zwischen den erstarkenden Protestanten und der katholischen Krone. Seinen
schrecklichen Höhepunkt fand der Konflikt in der
Bartholomäusnacht, jener Nacht vom 23. auf den 24.
August 1572, als erst in Paris, später in ganz Frankreich
Tausende von Protestanten von Hugenotten erschlagen
wurden.

Bereits ein Jahr zuvor hatte sich Montaigne auf sein
Schloss auf dem Land zurückgezogen, um sich dem
Schreiben zu widmen. Denn der religiöse Bürgerkrieg
zwischen Katholiken und Protestanten machte auch
vor Bordeaux nicht halt.

So sehen wir ihn in den nächsten Jahren in der
Turmbibliothek seines Schlosses Essay um Essay fertigstellen. Er durfte sich jetzt »Seigneur de Montaigne«
nennen, las, lachte oder gähnte über die Klassiker, die
Schriften der griechischen und der römischen Antike,
und fand seinen eigenen Stil, ein wenig angeregt wohl
von seinem um drei Jahre älteren, früh verstorbenen
Freund und Schriftstellerkollegen Étienne de la Boétie.
Mit dem Schreiben kam die Selbstsicherheit, der Mut
zum Witz, zum ausgefallenen Thema, zur literarischen
Attacke. So wurde Montaigne ein früher und ausdau-

ernder Widersacher von akademischen Talaren und allzu langen Zöpfen.

Sehr wichtig war Montaigne – politische Unruhen hin oder her – das Reisen, einmal weil Reisen neue Erfahrungen möglich machte, zum anderen weil er an medizinische Kuren glaubte. Ein böses Nierenleiden plagte ihn, es plagte ihn aber genauso die Behandlung, die ihm seine Ärzte angedeihen ließen.

Hat Montaigne sich auch über Ärzte lustig gemacht? Na klar! Jemand, der in seinen Schriften darüber reflektiert, warum er den Beischlaf nur vor der Nachtruhe und auf keinen Fall im Stehen vollzieht, warum er keine durchgeschwitzte Kleidung auf der Haut erträgt, der darüber nachdenkt, warum er nicht ohne Hut das Haus verlässt und warum er zum Durstlöschen weder reinen Wein noch reines Wasser zu sich nimmt, so jemand muss nicht nur einen lebenslangen Kampf mit Ärzten und mit Quacksalbern geführt haben, er hat auch sein Mütchen an ihnen gekühlt.

Aber das soll ihn hier nicht verniedlichen. Montaigne stritt gegen hohle Dogmen und deren Vertreter auf praktisch allen Gebieten der Gelehrsamkeit, der Medizin wie der Religion, den Schönen Künsten wie der Rechtswissenschaft oder der Ökonomie.

In einem der zum Klassiker gewordenen *Essais* beschäftigt er sich mit dem Kannibalismus und der Projektion auf den bösen Wilden. Er stellt dem aus Hass und Furcht zusammengefügten Bild des Fremden die Vision eines Menschen gegenüber, der eben nicht durch die oft zweifelhaften Segnungen der Zivilisation verdorben ist.

Der Essay »Über einige Vergil-Verse« verrät uns nur scheinbar etwas über die Poetik des lateinischen Dichters, während wir sehr viel eingehender über die Problematik des Kopulierens unterrichtet werden. In »Über die Kutschen« (»über« ist unseres Dichters Lieblingswort) erfahren wir nicht viel über das Gefährt selbst, dafür einiges Nützliche über den Blick aus den Kutschen. In »Über den Dünkel« erzählt uns der Verfasser von seiner geistigen Veranlagung. Undsoweiter, undsoweiter. Wir haben es vorhin bereits angedeutet, am Ende wissen wir viel über die Welt, fast alles über den Verfasser und das Wichtigste über die Kunst, sich unblasiert auszudrücken.

Die *Essais* von Montaigne stehen nicht immer in engem inhaltlichem Zusammenhang, bisweilen bilden sie Muster, manchmal aber wird einfach übergangslos ein gänzlich neues Thema angeschlagen. Das macht die Zusammenfassung nicht leicht, hat aber den Vorteil, dass der Leser, der Montaigne umfassend kennenlernen will, aus Neugier immer weiter liest.

»Philosophieren heißt Sterben lernen« lautet der Titel eines der berühmtesten Essays. Er nimmt Bezug auf eine Erörterung des Sokrates über den Prozess des Denkens, der den Denkenden immer stärker auf sein Ende vorbereitet. Für Montaigne liegt das Problem des Philosophierens in einem anderen Bereich. Für ihn sind Denken und Erfahrungen-Machen zwei voneinander untrennbare Prozesse, die erst mit dem Tod enden, die aber die Perspektive des Todes stets in sich tragen müssen.

Mit derartigen, sich himmlischem Trost verschließenden Erkenntnissen machte man sich damals keine Freunde in der katholischen Kirche. Kein Wunder, dass Montaignes Schriften auf dem vatikanischen Index verbotener Bücher landeten.

Mir ist aber beim Thema »Erfahrungen machen« noch ein anderer Aspekt wichtig: Für Montaigne war auch das Schreiben eine Erfahrung, die nie abgeschlossen war. Er schrieb, korrigierte, verwarf, schrieb erneut – es dauerte acht Jahre, bis er den ersten Band der *Essais* zum Druck freigab. Erkennen und Schreiben sind Vorgänge, die nur abgebrochen werden können.

So radikal Michel de Montaigne in der Verfolgung seiner Erkenntnisse und Selbsterkenntnisse war, so moderat trat er als politisch Handelnder auf. Im Streit zwischen Katholiken und Protestanten war er wohl eher der katholischen Seite zuzurechnen, doch im Gedächtnis wird er als Vermittler bleiben, als einer, der den Ausgleich suchte. Dass Politik ein Spiel von Interessen, nicht das Durchsetzen von Moral ist, musste ihm, dem studierten Rechtsgelehrten, niemand erzählen.

So recht ausgeglichen stellt er sich uns als historische Figur nicht dar. Dafür hat er vielleicht zu häufig über das Vergängliche, über den Tod nachgedacht, dessen Schrecken er nur glaubte bezwingen zu können, wenn er beständig davon redete – »mit laut zusammengebissenen Zähnen«, wie er einmal schrieb.

Er starb übrigens, das war 1592, einen sanften Tod, einen der sanftesten, den die Medizin kennt. An Nierenversagen, dem Leiden, das er so oft und kenntnisreich beschrieben hatte.

Unsterblich war er da schon längst, dafür hatten seine Schriften gesorgt. Und wenn uns der Autor nicht vor gefährlichen Komparativen gewarnt hätte, würden wir jetzt noch hinzufügen: Und dank seines Esprits wurde er immer unsterblicher.

ANTON TSCHECHOW (1860–1904)

Die Möwe (1895)

Vom Ende seines Lebens, vom Ende der irdischen Existenz des Anton Pawlowitsch Tschechow im Jahre 1904 in einem kleinen Hotel in Badenweiler gibt es gleich mehrere Versionen – und schon das hätte diesem bewegenden Theaterdichter über die Maßen gut gefallen. Denn er selbst war ja kein Mann der eindeutigen Schlüsse. Seine Lebensgefährtin, seine Frau, die berühmte Schauspielerin Olga Knipper, erzählt eine geringfügig andere Geschichte als der hinzugezogene Kurarzt, und der Hoteldiener, der den Arzt zu holen geschickt wurde, kann sich wieder an andere Abläufe erinnern. Und alle Nacherzähler erfanden noch einen kleinen Schnörkel hinzu, spielten mit den Varianten, schrieben das Drama auf ihre Weise. Fest steht nur, dass Tschechow am Ende seines Lebens um Champagner bat.

Nun war Olga Knipper, wie gesagt, eine bedeutende Schauspielerin, die wusste, wie eine Szene ausgehen muss, gerade eine tragische Szene, in welcher der Sterbende noch einmal nach Champagner gerufen hat. Der Kurarzt, mitverantwortlich für die üblen Therapien, mit denen Männer seines Standes damals Patienten wie Tschechow quälten, die unheilbar an Tuberkulose litten, bemühte sich um ein würdigeres Bild. Aber den

Champagner stellte er nicht in Abrede. Dem Hoteldiener, vermutlich die Lieblingsfigur Tschechows, wäre es ein Stück von ihm gewesen, nahm die Lokalpresse gierig jedes Wort aus dem Mund. Der Hoteldiener, das duldet keinen Zweifel, durfte nicht mittrinken.

Halten wir aber einfach fest: Um zwei Uhr nachts an jenem 2. Juli 1904 starb Anton Tschechow in einem deutschen Kurort, den er schon deshalb nicht mochte, weil ihm hier so viele hässliche Frauen unangenehm ins Auge stachen. Halten wir weiter fest: An seinem Totenbett stand eine Frau, die vieles verkörperte, was Tschechow wertvoll war: das Theater, Witz, weibliche Schönheit und manches andere. Und es stand auch ein Mann da, der einen anderen Teil dieses gerade vierundvierzigjährigen Schriftstellers verkörperte: der Arzt nämlich, der Tschechow auch gewesen war, ganz besonders der Arzt, der nicht wirklich helfen kann. Das hierzu passende Zitat war einige Jahre zuvor gefallen, da hatte Tschechow von der Medizin als seiner Ehefrau und dem Theater als seiner Geliebten gesprochen. Später ließ er den Arzt weg, da wurde die Prosa zu seiner Gemahlin, aber das Theater blieb die Geliebte.

Es war eine Geliebte, die in den verschiedensten Erscheinungsformen auftrat. Da gibt es einmal die populären, witzigen Einakter wie *Der Bär*, *Der Heiratsantrag* oder *Über die Schädlichkeit des Tabaks*, die in den späten achtziger Jahren des 19. Jahrhunderts entstanden. Und dann gibt es die großen Stücke in vier Akten, Tschechow nannte sie fast alle Komödien: *Iwanow*, *Die Möwe*,

Onkel Wanja, *Drei Schwestern* und *Der Kirschgarten* – sowie jenes erst im Nachlass gefundene Werk, das den Titel *Der unnütze Mensch Platonow* erhielt und vermutlich Anfang der achtziger Jahre geschrieben worden war.

Tschechow verfasste die meisten dieser »seriösen« Komödien auf seinem Landgut Melichowo, etwa siebzig Kilometer südlich von Moskau. Hierhin war er 1892 gezogen, um, wie er sagte, »Natur und Gesellschaft« um sich zu haben. Das Anwesen war ziemlich groß – jedenfalls für einen Schriftsteller –, aber es befand sich in einem völlig heruntergekommenen Zustand. Das heißt, wir sehen den Dramatiker, wenn er denn bei Gesundheit war, genauso häufig am Schreibtisch wie bei der Sicherung des Daches oder eines Gartenzauns – und natürlich in der Ambulanz, wo er die Bauern der fünfundzwanzig Dörfer seiner Region kurierte. Er behandelte umsonst, versteht sich, und beileibe nicht so folgen- und sinnlos, wie er selbst es immer spöttisch darstellte. In der Zeit, in der Tschechow in Melichowo wirkte, konnte dort die Cholera in Schach gehalten werden – und das war für Russland eine leuchtende Ausnahme.

Auch in dem Stück *Die Möwe*, 1895 fertiggestellt, 1896 uraufgeführt, tritt ein Arzt auf, Jevgeni Sergeyewich Dorn, ein abgeklärter, mal schüchterner, mal versonnener, bisweilen vor sich hin singender Herr, der als Arzt etwas ungewöhnlich ist, jedenfalls, wenn er empfiehlt, vor dem Frühstück zwei Glas Wodka zu trinken.

Liebeskummer behandelt er genauso wie Asthmaanfälle: Er verabreicht Baldriantropfen.

Hat sich da der Dramatiker Tschechow über den Arzt Tschechow lustig gemacht? Vielleicht. Jedenfalls ein wenig. Tschechow liebte das Zitat im Zitat, heute würde man sagen: den *in-joke*, die kleine, versteckte Anspielung. Aber wenn wir diese Anspielungen ernst nehmen, wird schnell klar, dass es eine andere Figur ist, mit der Tschechow in der *Möwe* mokant auf sich selbst verweist: Es ist die Figur des berühmten Schriftstellers Boris Alexejewitsch Trigorin.

Diesen Trigorin lernen wir auf dem Gut eines Mannes kennen, dessen Schwester, eine berühmte Schauspielerin namens Irina, die Geliebte des Dichters ist. Irina hat einen Sohn, Treplew, einen jungen Mann, der sich auch als Schriftsteller und Dramatiker versucht, doch erfolglos. Zu Beginn des Stücks wird auf einer improvisierten Bühne ein Stück von ihm aufgeführt. Die Hauptrolle spielt die Tochter eines benachbarten Gutsherrn, die junge, begehrenswerte Nina. Sie ist ein wenig, doch nicht ausreichend in Treplew verliebt, umgekehrt ist Nina die Liebe seines Lebens. Ninas große Zuneigung und Verehrung gehört jenem großen, jenem berühmten Trigorin. Frauen, lässt Tschechow uns an einer Stelle der *Möwe* mitteilen, lieben an Männern den Erfolg.

Das kleine Stück, das im Garten des Gutshofs aufgeführt wird, kann indes kein Erfolg werden, das verhindert die Mutter des Autors, Irina, durch ihr boshaftes Dazwischenplappern. Irina ist eine Person, die nur wenigen Erfolg gönnt, Mitglieder der Familie und lebende Schauspielerinnen gehören nicht dazu.

Im weiteren Verlauf des Stückes verlässt die schöne Nina ihr Elternhaus, um Schauspielerin zu werden und damit in der Nähe des berühmten Trigorin bleiben zu können. Doch den gibt Irina nicht frei.

Ihr Sohn, der junge Treplew, hat schließlich Erfolg mit seiner Literatur. Zwei Jahre später kommt es zu einem Wiedersehen mit Nina, doch sie liebt immer noch (und immer noch unglücklich) Trigorin. Sie lässt den jungen Dichter zurück, es fällt ein Schuss, Treplew hat sich das Leben genommen. Vorhang.

Die Uraufführung der *Möwe* 1896 in St. Petersburg war ein Desaster in Puder und Praline. Nein, Tschechow floh nicht vor Ende der Vorstellung aus dem Theater, wie bald kolportiert wurde. Er verbrachte zwei Akte in der Garderobe der Schauspielerin, die die Irina gab – und er ärgerte sich über den eitlen Betrieb hinter den Kulissen, all die Galane, die ihre Aufwartung machten, die Blumensträuße, das Konfekt, die artigen Komplimente. All das war nun exakt nicht das Theater, für das er schrieb.

Und vermutlich war auch die Inszenierung damals im Alexandertheater in St. Petersburg von eben jener verpudert pralinenhaften Künstlichkeit, die selbst ein Stück von Tschechow ruinieren kann. Erst als der große Regisseur Konstantin Stanislawski das Stück zwei Jahre später in Moskau inszenierte, erlebte es jenen Triumph, der bis in unsere Tage anhält.

Es sind von vielen Kritikern, Literaturwissenschaftlern, Theaterautoren die vielfältigsten Gründe für diesen Erfolg genannt worden – und nicht nur für den Erfolg der *Möwe*, auch für den von *Onkel Wanja*, dem *Kirschgarten* oder den *Drei Schwestern*. Eine Begründung, ein Lob, das sich dabei immer wieder findet, zielt auf eine ganz besondere Eigenart der Stücke wie auch der Erzählungen von Tschechow: die Kunst der Andeutung. Tschechow lässt es nie dröhnen, es spielt nie ein großes Orchester, eher schon Kammermusik. Ich erlaube mir diesen musikalischen Vergleich, weil Tschechow über *Die Möwe* selbst einmal geschrieben hat, das Stück möge im Forte beginnen, müsse aber unbedingt im Pianissimo enden. Tschechow ist der Meister der schwermütigen Nuancen, ein Schriftsteller, der Interpretationen nahelegt, doch nie ausspricht, vermutlich weil er in altmodischer Höflichkeit seinem Publikum Respekt erweisen will. Das Publikum, die Leser, die Theaterbesucher, so scheint unser Autor zu sagen, sind ja wohl selber imstande, sich einen Reim auf eine Szene zu machen, eine Figur bis zu ihrem möglichen Ende weiterzudenken.

Tschechows Andeutungskunst bestimmt die dramatischen Abläufe, die sich eher unterbrochen spiralförmig präsentieren als linear, aber genauso die Sprache der handelnden Personen. Nie sind diese näher bei sich als in den Situationen, in denen sie ihre Sätze nicht zu Ende sprechen, wenn sie gleichsam nach einem logischen Satzende oder Satzausgang tasten – oder eben straucheln. In solchen Momenten fallen Realismus und literarische Überhöhung zusammen. Wir alle, gerade wenn wir sozusagen »ungeschützt« reden, liefern Beispiele für sprachliche Imperfektion, fürs Schludern. Bei Tschechow wird aber dieses vermeintliche Schludern im Umgang mit der Sprache nicht zu einem banalen Realismus, es schafft vielmehr einen Freiraum, eine Möglichkeit, legt die sprechende Figur nicht völlig fest.

Und noch ein Wort zu der für manche von uns vielleicht befremdlich klingenden Bezeichnung »Komödie«, die fast alle großen Theaterstücke Tschechows tragen. Sie hat oft zu Missverständnissen geführt, denn Komödie, denkt man gemeinhin, sei ein Theaterstück, bei dem es etwas zu lachen gibt. Dabei bedenkt man aber nicht, dass Dante eine *Divina Comedia*, dass Balzac eine *Comédie humaine* geschrieben hat. Diese beiden Werke transportieren den Begriff der Komödie, dessen Bedeutung Tschechow sehr wohl kannte, in einen Denkraum, in dem es um die letzten Fragen genauso geht wie um das Einfältige.

Wir können darüber lachen, dass das Ausbleiben der Grasmücken angeblich das Ende der Welt ankündigt – wie es eine Figur bei Tschechow vermutet. Aber dann lachen wir nur, um uns Mut zu machen. Und wir haben alle ein Gefühl dafür, dass die großen Momente der Menschheit stets Gefahr laufen, ins Lächerliche umzuschlagen.

Anton Tschechow, das hoffe ich deutlich gemacht zu haben, war kein Autor für klare ideologische Aussagen.

Dafür hat er selber zu gerne gelacht oder gelächelt. Aber, das dürfen wir auch nicht vergessen, er schrieb in einer Zeit der heftigen ideologischen Erregung: In Russland tobten wilde intellektuelle Auseinandersetzungen zwischen Reformern, Westlern, zwischen sogenannten Russophilen, Kommunisten, Anarchisten, Tolstoianern und was es noch an kultureller, politischer oder ästhetischer Spezies gab. Alle wollten naturgemäß auch einen Zipfel vom Rock des großen Anton Pawlowitsch Tschechow, doch allen hat er sich entzogen. »Ich bin kein Liberaler«, schrieb er einmal, »kein Konservativer, kein Reformanhänger, kein Mönch, kein Indifferenter. Ich möchte ein freier Künstler sein und nichts weiter.«

So macht man sich auch Feinde, selbstverständlich auch unter Kollegen. Der sehr viel deutlicher sozialkritisch engagierte Maxim Gorki etwa wollte Tschechow sein scheinbares politisches Abseitsstehen nicht durchgehen lassen, und die herrliche Dichterin Anna Achmatowa hat ihn noch fünfzig Jahre nach seinem Tod wegen seiner Abstinenz vom radikalen Wort verflucht. Aber ob sie wirklich aus ihrem vollen Herzen sprachen oder nur Unterstützung für ihre eigene, unerbittliche Position suchten, möchten wir an dieser Stelle zumindest als Frage aufgeworfen haben.

Jener Maxim Gorki soll Tschechow immer wieder und nicht ganz ohne moralischen Dünkel gemahnt haben: »Verpfusche nicht auch noch das Finale deines Lebens!«

Und damit wären wir wieder bei unserer Eingangsszene, dem Tod, dem Finale des Dichters in Badenweiler. Tschechow war damals schon ein weltberühmter
Schriftsteller, doch das wog wenig bei einer Hotellei-
tung, die erfahren hatte, dass ihr Gast an Tuberkulose
litt. Das Ehepaar Tschechow wurde diskret, aber nachdrücklich darum gebeten, die Herberge zu verlassen.

Auch mit dem Champagner hat es sich in Wirklichkeit wohl anders zugetragen, als wir es eingangs gehört
haben: Der Arzt empfahl eine Sauerstoffflasche. Die
Leiche wurde schließlich in einem Wäschekorb aus
dem Hotel entfernt. Champagner hat Tschechow aber
vorher noch getrunken. Wenigstens *ein* Sieg im Finale.
Die Unsterblichkeit hat viele Gesichter.

LUIGI PIRANDELLO (1867–1936)

Sechs Personen suchen einen Autor (1921)
Einer, keiner, hunderttausend (1926)

Zugegeben, wenn wir das Werk eines Autors betrachten, dann schauen wir auch gerne auf sein Leben: die Kindheit, Lehrjahre, Liebschaften. Und meist kommen wir zu dem Schluss, dass es zwar viele Dichter gab, die aus protestantischen Elternhäusern stammten, doch sehr viel mehr protestantische Elternhäuser als begabte Dichter. Der Einfluss des Milieus auf eine künstlerische Entwicklung sollte also nicht überschätzt werden.

Aber was halten wir von dem folgenden Fall? Nennen wir ihn den Fall Pirandello. Der reiche Vater des Dichters, Teilhaber einer Schwefelmine auf Sizilien, ist ein Raufbold und ein Schwerenöter. Er ficht mehrere Duelle, legt sich mit der örtlichen Regierung an, fordert sogar die Mafia heraus – und überlebt die Auseinandersetzung. Daheim gibt er sich als Despot, wild aufbrausend und dann plötzlich jedes Gespräch verweigernd. Bisweilen wechselt er über Monate kein Wort mit dem Sohn.

Dennoch schafft es der Sohn, gegen den Willen des Vaters Literatur zu studieren. Er macht das zunächst in Rom, wo er bei einem Onkel wohnt, einem berühmten Revolutionär, der, auf Politik angesprochen, stets nur ein meckerndes Lachen ausstößt. Oder ein höhnisches »Hö!«.

Der junge Mann wechselt an die Universität in Bonn, wo er auf Deutsch eine Doktorarbeit über den Dialekt seiner Heimat schreibt und sich währenddessen unsterblich in die Tochter seiner Wirtin verliebt.

Der Vater holt ihn zurück nach Palermo. Drei Jahre später heiratet Pirandello die Tochter des Geschäftspartners seines Vaters. Der Schwiegervater ist ein ebensolcher Raufbold wie der Vater, dazu aber noch von unbezwingbarer, in Schüben aufwallender Eifersucht. Seine Tochter hat er vor der Heirat jahrelang bei verschlossenen Fenstern wie eine Gefangene gehalten, ging sie aus dem Haus, dann nur verschleiert und mit fest auf die Straße geheftetem Blick.

Zwei Jahre nach der Hochzeit muss die Schwefelmine Konkurs anmelden, die beiden Familien stehen vor dem Ruin. Die junge Ehefrau liest als Erste den bitteren Brief der Wirtschaftskammer und erleidet einen Schock.

Seit ihrer Heirat hat sie ihrerseits befremdliche Formen von Eifersucht an den Tag gelegt, in Briefen gestöbert, das Geld ihres Mannes kontrolliert, ihn mit beständigen Verdächtigungen konfrontiert. Der Verlust des erhofften Erbteils führt zu einer massiven Verstärkung der Symptome. Es müssen Ärzte konsultiert werden, dennoch verschlimmert sich der Zustand. Ihren Mann erkennt sie nicht mehr, sie lebt in ihrer eigenen Welt. Sobald der junge Pirandello, der lange nicht von seinem Schreiben leben kann und einem Brotberuf nachgehen muss, das Geld dafür aufbringen kann, lässt er seine Frau in ein geschlossenes Sanatorium überweisen. Der Ort, in dem Pirandello geboren wurde, heißt übrigens Caos.

Der Schriftsteller Luigi Pirandello kam 1867 zur Welt und starb 1936. Er verpasste dem Theater seiner Zeit eine so revolutionäre Wendung, dass herkömmliche Formen auf einen Schlag museal erschienen. 1934 erhielt er den Nobelpreis für Literatur.

Wenn wir nun die Schriften dieses Luigi Pirandello betrachten – kaum minder wichtig als die Theaterstücke sind seine Prosaarbeiten –, dann fällt es in der Tat schwer, nicht die allerengsten Beziehungen zwischen Leben und Werk auszumachen. Denn die Grundfrage, die der Dichter sich und uns stellt, zieht sich durch seine Stücke genauso wie durch die Erzählungen: Wie nehme ich den anderen wahr, wie nimmt der andere mich wahr? Ins Biographische übersetzt: Wie dringe ich in die Welt des anderen ein, wenn das Gegenüber (wie der Vater) mir monatelang das Gespräch verweigert, wenn der Partner (wie Pirandellos Ehefrau) zwar präsent, doch längst in einer anderen Welt verschwunden ist? Wie kann ich lernen, den anderen so zu sehen, wie er sich selber sieht – und wie kann ich lernen, mich selbst zu sehen?

Eine naheliegende Antwort wäre: Schaue man doch einfach in den Spiegel! Doch dieser Rat hat den Menschen nicht geholfen, seit sich Philosophen mit der Frage beschäftigten, wie Erkenntnis zustande kommt. Der Spiegel verrät uns ja immer nur, wie wir uns selbst – seitenverkehrt – betrachten, doch wie es sich mit dem Blick, der Wahrnehmung der anderen verhält, ist damit noch keineswegs geklärt. »Der Spiegel ist klarer als das Abspiegelnde im Auge«, heißt es daher schon bei Sokrates. Subjektivität verzerrt.

Warum dieser Ausflug? Nun, weil gleich die erste Szene in Pirandellos letztem und (neben *Mattia Pascal*) vielleicht bekanntestem Roman *Einer, keiner, hunderttausend* vor einem Spiegel spielt. Es fängt ganz harmlos an: »»Was machst du denn da?‹, fragte mich meine Frau, als sie mich länger als gewöhnlich vor dem Spiegel verweilen sah ...«

Unser Held betrachtet nur ein Nasenloch, weil er bei sanftem Drücken einen leichten, doch unerklärlichen Schmerz verspürt. Seine Frau macht ihn aber gleich darauf aufmerksam, dass seine Nase durch eine kleine Asymmetrie gekennzeichnet sei, die dem Ehemann bislang noch nicht aufgefallen ist. Und das ist der Anfang der Verwirrung. Denn offensichtlich nehmen auch Freunde und Bekannte Dinge an unserem Helden wahr, die er so nie gesehen hat. Offenbar, hier steigert sich die Geschichte, besteht seine Person nur aus einer Reihe von unterschiedlichen Ansichten. Nur seine Person? Nein, die ganze Gesellschaft, der gesamte Kosmos.

Aber bleiben wir bei des Helden unmittelbarer Gesellschaft: Seine Bekannten sehen in ihm, nur ein Beispiel, nicht den freundlichen Finanzier, für den er sich selbst hält, sie betrachten ihn vielmehr als einen habgierigen Wucherer. Und als der Held versucht, das Bild, das sich die anderen von ihm machen, zu korrigieren, als er eine großzügige Stiftung gründet, da ändern die Bekannten zwar ihr Bild von ihm, doch nicht zum Guten: Sie erklären ihn schlichtweg für verrückt. Am Ende flieht der Held aus der bürgerlichen Gesellschaft, in der er sich nicht mehr verständlich machen kann, in eine einsame Gegenwelt. Einen Spiegel rührt er nicht mehr an.

Wer an dieser Stelle glaubt, der Roman führe mit den vielleicht spröden Mitteln der Literatur eine philosophische Theorie vor, den habe ich noch nicht ins Schwärmen zu bringen vermocht. Deswegen füge ich schnell hinzu: Zupackender und zugleich mit ganz leichter Hand hat sich bislang noch kein anderer Autor dem Thema gestellt, wie es einem Menschen gehen kann, der über sich selbst ins Grübeln gerät.

Luigi Pirandello erzählt in einem Stil, der sich eines alten italienischen Rezeptes bedient, der *beffa*, was man mit »Scherz«, »Spott« oder »Streich« übersetzen kann. In der Commedia dell'Arte war es eine *beffa*, wenn dem Dieb auf der Leiter von oben ein Eimer Jauche über den Kopf gekippt wurde. Bei Pirandello sind es weniger die Menschen, die diese Streiche spielen, es ist das Schicksal selbst, das ins Geschehen eingreift, kurz »Hoppla« sagt und dann weiterzieht. Und weil es sich um das Schicksal handelt, lachen wir unfreiwillig. Es gibt keinen Schuldigen, denn Gott stellt sich tot. Was bleibt, so Pirandello, ist unsere Wahrnehmung, ist tragischer Humor, ist das meckernde Lachen, das höhnische »Hö« seines Onkels, wenn der auf Politik angesprochen wurde.

Naturgemäß bleibt noch mehr, sonst könnte die Kunst ja gleich einpacken. Es bleibt die Schärfung der Wahrnehmung, es bleibt die Befreiung des Publikums aus seiner Unmündigkeit, es bleibt die Demonstration des Problems, und das bringt uns zum Theater, genauer, zu Pirandellos berühmtestem Stück, das den Titel *Sechs Personen suchen einen Autor* trägt.

Es ist ein Stück in drei Partien. Die Zuschauer sehen auf der Bühne zunächst einen Regisseur, der mit seinen Schauspielern recht schmucklos ein Stück von Pirandello probt. Plötzlich führt der Theaterportier sechs Personen auf die Bühne, die uns berichten, dass ihr Autor sie, also ihr Leben, noch nicht zu Ende geschrieben habe. Sechs Personen, die bekennen, reine Bühnengeschöpfe zu sein, und die damit hadern, dass ihr Erfinder sie aufgegeben hat, weil er das Interesse an ihnen verlor. Die Schauspieler sollen sich gefälligst ihrer Geschichte annehmen.

Diese Geschichte könnte einem billigen Roman entnommen sein. Sie erzählt in vielen Sprüngen von einem Vater, der bald nach der Geburt des ersten Kindes seiner Frau überdrüssig wurde und sie mit seinem eher unscheinbaren Sekretär verkuppelte. Der Sekretär gründet mit seiner Geliebten eine neue Familie, die mit drei Kindern gesegnet wird. Als Jahre später der Sekretär stirbt, hinterlässt er die Familie in äußerster Armut. Die älteste Tochter, im Stück heißt sie »die Stieftochter«, sucht eine Stellung als Näherin in einem Wäscheladen, der von einer Signora Pace geführt wird. Doch der Verkauf von Galanteriewaren ist nur Tarnung; im Hauptgeschäft betreibt Signora Pace ein Bordell und zwingt die schöne Schwiegertochter, hier zu arbeiten.

Ein Stammkunde dieses Hauses ist der Vater, der nun bei einem seiner Besuche um ein Haar die eigene Stieftochter ... In letzter Sekunde dringt die Mutter mit dem Schrei: »Halt, das ist deine Tochter!« ins Gemach ein und verhindert das Unaussprechliche. Die Familie zieht wieder unter ein Dach, doch da ist ja noch der älteste Sohn, der sich der Vereinigung widersetzt und seine Halbgeschwister schikaniert. Die jüngste Halbschwester, sie ist gerade vier, ertränkt sich, ihr Bruder betrachtet die Szene, ohne einzugreifen – und erschießt sich.

So klar, so konzis, wie gerade von mir vorgetragen, bekommt man dieses schauerliche Melodrama auf der Bühne nicht präsentiert. Man versteht sogar, warum der Autor seine sechs Personen nicht zu Ende schreiben wollte. Auf der Bühne wird die Geschichte der »sechs Personen« auch nicht chronologisch erzählt, sondern in kurzen Fetzen, immer wieder aus einer anderen Perspektive. Und die Schauspieler, die aufgefordert werden, diese Fetzen nachzuspielen, haben das, was sie spielen sollen, offenbar auch nicht richtig verstanden. Jedenfalls protestieren die »sechs Personen« und werfen den Schauspielern, die ihr Leben nachstellen, billige Posen vor, bis durch einen Schrei der Mutter der Regisseur und seine Truppe von der Bühne gejagt werden. Die »sechs Personen« bleiben unvollendet und entschwinden als Schatten, vermutlich, um bald ein anderes Theater zu finden, einen neuen Kreislauf zu beginnen.

Theater im Theater, das hat es natürlich auch schon vor Pirandello gegeben, bei Shakespeare, bei Aristophanes und bei den deutschen Romantikern, doch der italienische Dramatiker setzte neue Maßstäbe. Denn ihm gelang das Paradox: Er schrieb ein überzeugendes Stück über die Unmöglichkeit, überzeugende Stücke zu schreiben, Theater gegen Theater. Er legte dar, wie gefährdet, wie brüchig unsere menschliche Kommunikation ist, wie menschengemacht, also fehlbar, unsere vermeintlichen Wahrheiten sind. Jahrzehnte später nahmen Philosophen diesen Gedanken wieder auf und formulierten ihn auf ihre Weise als das Prinzip des Zweifels. Das enthielt dieselbe Botschaft, war aber weniger unterhaltend.

Bei der ersten Aufführung des Stücks im Mai 1921 in Rom fühlten sich die meisten Zuschauer zum Narren gehalten, sie pfiffen oder ohrfeigten den Sitznachbar, wenn dieser »Bravo« rief. Pirandello musste mit seiner Tochter durch einen Nebenausgang fliehen. Erst die begeisterte Reaktion auf die zweite Aufführung, die bald darauf in Mailand stattfand, kündigte an, dass sich hier ein zukünftiger Klassiker auf den Weg in die Theatergeschichte gemacht hatte. In Deutschland wurde das Stück umjubelt und über Monate *en suite* gespielt, kaum geringer war die Begeisterung in Frankreich und in den Vereinigten Staaten.

Den Stücken und den Prosaarbeiten von Pirandello ist übrigens allen gemeinsam, dass sie nie politisch Stellung beziehen. Die meisten Bewunderer des Dichters hätten es vorgezogen, wenn dieser sich auch jenseits der Bühne des politischen Bekenntnisses enthalten hätte. Zumindest des Bekenntnisses zum Diktator Mussolini. Doch in diesem Punkt enttäuschte Pirandello seine Bewunderer. Er war, wie er sagte, »Faschist, weil er Italiener war«. Er unterstützte Mussolinis Völkermord in Abessinien, er verstieg sich sogar zu der geschmacklosen Ankündigung, die goldene Nobelpreis-Medaille zu Pistolenkugeln schmelzen zu lassen. Das war 1934, zwei Jahre vor seinem Tod.

Hatte er vielleicht einen Scherz machen wollen? Das ist leider unwahrscheinlich, und wenn doch, dann wäre es ein ungustiöser Scherz gewesen. Wie viel weiser war da doch sein Onkel gewesen, jener frühere Revolutionär, der für die Tagespolitik seiner Zeit nur das höhnische »Hö« aufbrachte.

ALBERT CAMUS (1913–1960)

Die Pest (1947)

»Auf den ersten Blick ist Oran … eine ganz gewöhn-
liche Stadt, nichts mehr und nichts weniger als eine
französische Präfektur an der algerischen Küste.« So
beschreibt der französische Nobelpreisträger Albert
Camus den Ort, an dem der Roman *Die Pest* spielt, jenes Werk, das ihn fast unmittelbar nach Erscheinen im
Jahr 1947 weltberühmt machte. Aber dieses Oran, erfahren wir ein paar Passagen später, ist eben doch nur
auf den ersten Blick so gewöhnlich. Oder anders gesagt:
Hier wird die Gewöhnlichkeit zum Exzess. Es blühen
keine Blumen, die werden herbeigeschafft, »der Früh-
ling wird auf dem Markt verkauft«, die Bewohner arbeiten viel, doch sie arbeiten nur, um reich zu werden,
das Vergnügen beschränkt sich auf die Abendstunden
des Samstags und den Sonntag. Die Liebesakte sind
heftig und kurz oder von jener Langeweile geprägt, die
eine ausdauernde Ehe abverlangt.

In dieser Stadt – und auch das ist eine auffällige Besonderheit innerhalb der Normalität – darf niemand
krank werden, denn die Krankheit isoliert vom Ge-
schäftsleben, isoliert selbst von den spärlichen Vergnügungen. Und umso schlimmer geht es naturgemäß den
Sterbenden in dieser Stadt ohne Reize, ohne Pflanzen und ohne Seele, in dieser Stadt mit dem »geistlo-

sen Gesicht«, die mit dem Rücken zum Meer gebaut wurde.

Ausgerechnet hier bricht nun zu einem nicht näher genannten Datum der vierziger Jahre des vergangenen Jahrhunderts die Pest aus, zeigen sich Krankheit und Tod in ihrer mittelalterlichen, den größten Schrecken verbreitenden Gestalt.

Diese Stadt Oran liegt an Algeriens Westküste, doch es gibt sie als Ort der Phantasie überall auf der Erde, jedenfalls dort, wo wir von Zivilisation reden können. Camus zitiert gleich zu Beginn des Romans seinen englischen Schriftstellerkollegen Daniel Defoe: Es sei »durchaus sinnvoll«, den einen Zustand durch einen anderen darzustellen, etwas »wirklich Vorhandenes« durch etwas, »das es nicht gibt«.

»Aha!«, riefen an dieser Stelle viele Interpreten, »Camus weist uns auf das Metaphysische in seinem Werk hin, auf das Absurde, auf seine existenzialistische Philosophie, auf Krankheit als Metapher.«

Das ist *eine* mögliche Interpretation, naheliegender ist jedoch, auf ein Buch zu verweisen, das jener Daniel Defoe, der Schöpfer von *Robinson Crusoe*, geschrieben hat und das auch die Pest im Titel trägt. A *Journal oft the Plague Year*, deutsch: *Ein Bericht vom Pestjahr* erschien 1722 und bezog sich auf Vorkommnisse aus dem Jahr 1665 in London.

Metaphysik spielte in Defoes Werk nur eine Nebenrolle. Der Autor zeigt sich hier nämlich als großer Realist, als Chronist, wenn man so will, als Reporter. Auch

Camus nennt gleich zu Beginn des Buchs seinen Roman eine Chronik. Defoe beschreibt die Reaktionen, die seelischen, die psychopathologischen Reaktionen einer Bevölkerung, die erfährt, dass in ihrer Stadt eine tödliche Krankheit ausgebrochen ist. An ihnen hat sich in den Jahrhunderten, die zwischen Defoes und Camus' Berichten liegen, nicht viel geändert:

Am Anfang verbreiten sich kleine, giftige Gerüchte von Stadtteil zu Stadtteil, hier hat es einen, hier hat es gleich mehrere Fälle von Erkrankung gegeben. Es werden religiöse Gründe für den unerklärlichen Befall vorgebracht, bald aber auch die ersten Schuldigen benannt. Zunächst verdächtigt man Tiere, Katzen, Ratten, Schweine, dann kommen aber schnell auch bestimmte Teile der Bevölkerung in Betracht. Soll man sie in ein Ghetto sperren? Soll man sie kennzeichnen? Wie kann man verhindern, dass sich der Erreger verbreitet? Und umgekehrt: Bietet die Krankheit nicht auch eine große Chance, schnell an das Geld, an den Besitz der Erkrankten zu gelangen? Vielleicht auch derer, die noch gar nicht erkrankt sind, denen es aber durchaus zuzutrauen wäre, Opfer der Krankheit zu werden? Dem Gerücht kann man ja auch nachhelfen.

Albert Camus hat seinen Defoe sehr gründlich gelesen. Die Parallelen zwischen dem, was er aus der imaginierten Stadt Oran berichtet, und dem, was Daniel Defoe über die Londoner Pest niederschrieb, die fast drei Jahrhunderte zurücklag, sind so klar, als wären sie mit Leuchtzeichen markiert.

Ich möchte die Aufmerksamkeit aber noch auf eine andere Entsprechung lenken: Daniel Defoe, das ist vielleicht aus der Literaturgeschichte bekannt, begriff sich in einem ganz altmodischen Sinn weniger als Romancier denn als Öffentlichkeitsarbeiter. Er arbeitete in einem sehr frühen Verständnis des Wortes als Aufklärer. Das tat er als Journalist, der nicht nur für jene Zeit mit außergewöhnlichem Stilvermögen und Hintergrundwissen ausgestattet war, sondern der auch ein Auge und Ohr für scheinbar belanglose Ereignisse hatte, die, richtig gewürdigt, eine Massenwirkung auslösen.

Über Albert Camus können wir dasselbe mit noch viel größerem Nachdruck sagen: Er war ein Autor, der sich als Essayist, als Reporter, als Verfasser von Pamphleten und natürlich auch als Romancier engagierte. Seinen Nobelpreis, vergessen wir das nicht, erhielt er *nicht* für einen seiner Romane, er erhielt ihn auch nicht für seine philosophischen Schriften – obwohl er ihn auch dafür verdient hätte –, er erhielt ihn für einen Essay mit dem Titel *Réflexions sur la Guillotine*. Darin plädierte er, höchst aktuell, gegen die Todesstrafe, die damals auch in Frankreich noch praktiziert wurde.

Seine politischen Stellungnahmen, das sei hier flink noch angefügt, waren seit jeher von einer anarchistischen Direktheit. Camus, der im Januar 1913 geboren wurde, wuchs als Halbwaise in einem, sagen wir ruhig, Elendsviertel von Algier auf. Seine Schul- und Universitätsbildung verdankte er Stipendien. Mit zweiundzwanzig Jahren trat er der Kommunistischen Partei

Frankreichs bei, doch da er den Marxismus nur für eine begrenzt taugliche Philosophie hielt, da er zudem nie auf die »korrekte« Parteilinie festzulegen war, wurde er 1937, selbstverständlich als »Trotzkist«, ausgeschlossen. Und man kann sich die Gesichter der Parteioberen vorstellen, als diese erfahren mussten, dass ihr ehemaliges Mitglied, der mittlerweile weltberühmte Autor, einer der Helden der Résistance, ganz laut Partei ergriff für die Arbeiter, die 1953 in Ostberlin gegen die SED und die Sowjets aufbegehrten. Sehr viel glücklicher blickten jene Herrschaften auch nicht aus der Wäsche, als Camus 1956 den Aufstand der Ungarn gegen ihre sowjetischen Besatzer pries. Wenn man sich das intellektuelle Klima im Frankreich jener Jahre vor Augen hält, zeugte das von nicht geringem Mut.

Ein Jahr später, 1957, kam dann die Auszeichnung aus Stockholm. Camus war einer der jüngsten Preisträger für Literatur, noch keine vierundvierzig Jahre alt, als ihn die Nachricht des Nobelkomitees erreichte. Er war zudem der erste Ausgezeichnete, dessen Heimat in Nordafrika lag. Es blieben ihm noch knapp drei Jahre, den literarischen Ruhm in Projekte umzusetzen, die ihm am Herzen lagen. Im Januar 1960 stieg er in das Auto seines Freundes und Verlegers Gallimard. Die Fahrt endete mit einem schrecklichen Unfall. Autor und Verleger starben am 4. Januar 1960.

Ich habe vorhin die Bedeutung des journalistischen Handwerks für Camus hervorgehoben. Erinnert sei an den Ausdruck »Chronik« im Zusammenhang mit dem

Roman *Die Pest* und an den Querverweis auf Daniel Defoe. Aber werfen wir zunächst einen Blick auf den Roman:

Eine beständig zunehmende Zahl von toten Ratten kündigt an, dass in der Stadt Oran eine Seuche ausgebrochen ist. Der Arzt Dr. Rieux erkennt die Gefahr und kann gegen anfangs erheblichen Widerstand durchsetzen, dass Quarantänemaßnahmen ergriffen werden. In der Stadt wird der Ausnahmezustand verhängt, und so wird Oran zu dem Mikrokosmos einer geschlossenen Gesellschaft, die auf eine tödliche Bedrohung reagiert. Für manche ist die Pest das Zeichen einer gerechten Strafe Gottes, für andere das Signal, sich um jeden Preis dem drohenden Schicksal zu entziehen, für einen wieder anderen Kreis der Anstoß, sich zu praktischem Handeln zusammenzuschließen. Eine Stadt übt sich in der Abwehr gegen einen gemeinsamen Feind, der sich seine Opfer scheinbar willkürlich, planlos aussucht. Am Ende ist dieser Feind besiegt. Als in Oran wieder gesunde Ratten auftauchen, können die Bewohner aufatmen. Bloß, für wie lange? Diese Frage lässt der Autor unbeantwortet.

Das Schicksal handelt blind, so wie wir es aus der griechischen Tragödie kennen, das Leiden der Opfer entzieht sich einem sinnhaften Zusammenhang genauso wie deren Auswahl.

Als *Die Pest* erschien, stürzten sich Kritiker und andere Interpreten mit Vehemenz auf gerade diese Aussage. Der Zweite Weltkrieg war eben vorbei, das Publikum suchte nach Erklärungen, und dann kam dieser Autor, kam Albert Camus und erklärte: Es gibt gar keinen Sinn, das Böse ist in dieser Welt, und alles, was den Menschen zu tun übrig bleibt, ist solidarisches Handeln, das etwas ausrichten kann – oder eben auch nicht. Und diese Botschaft kam ausgerechnet von einem Helden des französischen Widerstands gegen die nationalsozialistischen Besatzer aus Deutschland. Man konnte ja das im Roman vorgestellte Oran, die abgeriegelte Stadt in Algerien, ohne größere Probleme mit dem okkupierten Frankreich vergleichen. Die Pest, die Seuche, das Verhängnis, das waren dementsprechend die deutschen Truppen.

Aber sollte es wirklich zutreffen, dass sich in der Geschichte, im Leid der Menschen tatsächlich keine Logik, kein großer Zusammenhang von Ursache und Wirkung auffinden lässt? Eine solche Deutung musste Konservative, insbesondere katholische Konservative, genauso empören wie konservative Sozialisten, die ja gleichfalls glaubten, über einen wenn auch ganz anders gearteten Schlüssel zu verfügen, der erklärte, was sie »historische Gesetzmäßigkeiten« nannten. Ganz zu schweigen von den gläubigen Vertretern des Modernismus, die den gesellschaftlichen Fortschritt durch die Mechanismen der Technik für zwangsläufig hielten.

»Camus ist ein Vertreter des Absurden«, riefen die Liebhaber neuer philosophischer Losungen, und in der Tat blieb dieses Etikett haften. Das Absurde wurde flugs in den Stand einer neuen Ideologie, einer neuen Glaubensrichtung erhoben. Die Intellektuellen waren auf der Suche nach einer neuen Religion.

Dabei war dieser Autor philosophisch viel zu gebildet, viel zu seriös, um sich mit einschlägigen Modeveranstaltungen gemein zu machen. Für jede Handlung, das wusste er aus den Vorlesungen, die er an der Universität gehört hatte, gibt es stets unendlich viele Interpretationen. Das gilt genauso für den Roman. Und deshalb muss man genau zwischen dem unterscheiden, der, sagen wir, eine vorbildlich geschriebene Chronik vorlegt, und dem, der sie deutet. »Man kann auch ein Fußballspiel interpretieren«, soll Camus einmal gesagt haben, »doch die Spannung ist größer, wenn man zuschaut – oder mitspielt.« Der Autor wusste, wovon er redete: In seiner Jugend hatte er als Torwart gespielt. Auch auf dieser Position war er einer der Besten seiner Generation.

OSKAR MARIA GRAF (1894–1967)

Wir sind Gefangene (1927)
Das Leben meiner Mutter (1940)

»Was ich im Lauf der Zeiten liebgewonnen,
das hängt verstreut an meinen Zimmerwänden.
Tolstoi und Goethe, Lincoln und Lenin,
ein Bild von Marx, von Masaryk und Thomas Mann,
dazwischen, werktäglich und ohne Drum und Dran
und dennoch wie das Krönende schlechthin,
hängt meine alte Mutter ...«

Oskar Maria Graf, der diese Zeilen schrieb, wurde 1894
in Berg, am Ostufer des Starnberger Sees, geboren, fast
auf den Tag genau acht Jahre, nachdem dort das Leben
von König Ludwig II. von Bayern ein rätselhaftes Ende
gefunden hatte. Doch trotz dieser kalendarischen und
geographischen Koinzidenz hing das Bild des romantischen Königs ganz gewiss nie an den Wänden einer
Wohnung, die Graf bezogen hatte.

Denn die Bezugspersonen im Leben Grafs waren
eben jene, die wir gerade in dem Gedicht gehört haben: Tolstoi stand für den Pazifismus, Thomas Mann für
das Erzählen, Goethe stand für Goethe, Lincoln, Lenin
und Marx für unterschiedliche Konzepte der politischen und der sozialen Gerechtigkeit. Der tschechische
Präsident Masaryk repräsentierte für Oskar Maria Graf
ein an Jesus und Tolstoi, nicht jedoch an der Kirche

orientiertes Christentum, vielleicht auch die Möglichkeit einer Verbindung von körperlicher und geistiger Arbeit: Masaryk hatte ja anfänglich als Grobschmied sein Philosophiestudium finanziert. Und die Mutter war nicht nur diejenige, die Oskar Maria Graf das Leben geschenkt hatte, sie verkörperte für ihn auch das nicht immer einfache, nicht immer nur gütige Volk. Die Mutter stand für die Macht der Frauen gegen das elitär herausgeputzte Männliche. Ein König Ludwig wurde daheim nur benötigt, wenn glitzernde Gruselgeschichten erzählt wurden.

Auf den meisten Fotos, die von Oskar Maria Graf zugänglich sind, scheint uns ein joviales, breites Gesicht geradezu *anzudröhnen*. Es ist ein gewaltiges Gesicht auf einem gewaltigen Körper, an dessen ausgestrecktem Arm der Maßkrug gleichsam festgewachsen zu sein scheint. Graf wirkt auf diesen Fotos fast wie die Karikatur eines Bayern in Lederhosen, der es gern krachen lässt.

Wie passt aber dieses Bild des Grobschlächtigen zu einem Autor, den viele seiner Kollegen wegen des Filigranen und des Empfindsamen seiner Erzählkunst so schätzten? Kollegen wie Thomas und Heinrich Mann, wie Alfred Döblin, wie Walter Benjamin, um nur ein paar bekannte Namen zu nennen. Jener Walter Benjamin etwa rühmte Oskar Maria Graf als den »Entdecker des Kleinen«. Thomas Mann bezeichnete Grafs Roman *Das Leben meiner Mutter*, auf den wir gleich zu sprechen kommen werden, als ein »Monument der Liebe und der Pietät«. Mit vergleichbaren Zitaten könnte ich dieses Kapitel füllen und dabei immer wieder Erstaunen erregen, dass sich so grundverschiedene Vertreter des Autorenstandes wie eben Thomas und Heinrich Mann, aber auch Bert Brecht und Maxim Gorki in ihrer Verehrung für diesen Oskar Maria Graf zusammenfanden.

Und dann müsste ich noch über ein weiteres Paradox reden: den abrupten, den wiederholten Absturz dieses vielgepriesenen Schriftstellers ins Vergessen. Aber alles der Reihe nach.

Als sein Bruder, der Bäcker Max Graf, ihn wieder einmal mit einer Knute verprügelt hatte, schmiss der siebzehnjährige Oskar seine Bäckerlehre, verließ das elterliche Haus in Berg, um in München, wenn schon nicht das Glück, so doch wenigstens die Freiheit zu finden. Das trug sich im Jahre 1911 zu. Berg war ein ärmlicher Flecken, die Bewohner mit wenigen Ausnahmen von einer seit langem tradierten wortkargen Engstirnigkeit. München lag eine Welt und dreißig Kilometer weit entfernt.

In München war alles anders. Hier konnte man zum Beispiel Liftboy werden, wovon in der Gemeinde Berg nicht einmal zu träumen war. Oskar Graf wurde Liftboy, er verdingte sich auch noch in manch anderen Berufen, sagen wir besser Tätigkeiten, wie sie häufig in den Lebensläufen solcher Schriftsteller zu finden sind, denen die Art des Gelderwerbs weitgehend gleichgültig war, solange er nur ihre »wahre Bestimmung« finanzierte. Man konnte auch Laufbursche oder Kohlenschaufler werden, wie der beste Freund von Oskar Maria Graf, der Maler Georg Schrimpf.

Graf und Schrimpf, der damals völlig unbekannte Schriftsteller und der ebenso unbekannte Maler, führten jahrzehntelang eine fast in Parallelschwüngen verlaufende Existenz. Gemeinsam wanderten sie 1912 – in bester deutscher Künstlertradition, allerdings erbärmlich unbemittelt – in den Süden und verbrachten ein paar Monate in der anarchistischen Künstlerkolonie Monte Verità im Tessin, unweit von Ascona.

Dort wirkte der Messianismus der Brüder Gräser, die eine radikale Befreiung von den Zwängen der Gesellschaft und der Kultur, unbedingten Pazifismus und vegetarische Ernährung predigten. Denkt man an das Hippietum in den siebziger Jahren des vergangenen Jahrhunderts, hat man sozusagen die »Light«-Version der Monte-Verità-Bewegung vor Augen, die Scharen von Wunderlingen und Künstlern in ihren Bann zog.

Charakteristisch für Oskar Maria Graf scheint mir, dass er, der Bäckerlehrling aus Berg, sich dieser Zauberwelt auf dem »Berg der Wahrheit« mit nackter Haut und langem Haar aussetzte, dann aber mit gleicher Konsequenz wieder entzog – und doch ein paar für ihn wesentliche Prinzipien bewahrte. An erster Stelle sei sein fortan unbeugsamer Wille genannt, keine Waffe in die Hand zu nehmen und niemals auf seinen Nächsten zu schießen, an zweiter Stelle die Einsicht, dass politische Forderungen nur sinnvoll sind, wenn sie den Rahmen des scheinbar Rationalen, des Zweckvernünftigen zu Kleinholz machen.

Seinen Nächsten nicht umbringen zu wollen, das war keine sehr populäre Haltung im Ersten Weltkrieg, als Graf zunächst an der Ostgrenze des Deutschen Reichs als Eisenbahner seinen Dienst zu verrichten hatte. Klar, besonders kriegerisch war das nicht, doch mit den Verbrechen des Militärs kam man auch in dieser Funktion in Kontakt. 1916 wurde der Gefreite Graf wegen Befehlsverweigerung angeklagt, ein gnädiges Gericht ließ ihn in eine Irrenanstalt einweisen. Einige Wochen und einen Hungerstreik später wurde Graf aus dem Militär entlassen. »Störrisch« war eines der Wörter aus der Urteilsbegründung.

Oskar Maria Graf blieb ein kämpferischer Pazifist, beteiligte sich als Schreiber von Pamphleten am Streik der Münchener Munitionsarbeiter, unterstützte, wie auch sein Malerfreund Georg Schrimpf, die Münchener Räterepublik – und landete dafür wiederholt im Gefängnis. Davon wissen wir, weil Graf seine leidvollen Hafterfahrungen in zwei Erzählungen festgehalten hat, die später seinen ersten literarischen Erfolg begründeten.

Wir sind Gefangene heißt dieses autobiographische Werk, das 1927 erschien und über jene Zeit vor und nach dem Ersten Weltkrieg berichtet – »reizvoll und belustigend«, wie Thomas Mann das in seiner ureigenen Affektion festhielt. »Reizvoll«, das wird man auch heute noch unterschreiben, denn Graf ist kein Erzähler, der auf einen Helden und auf schockierende Wirkungen setzt. Er ist vielmehr jemand, der mit sich selbst oft genug im Hader liegt, wenn er sich durch das abenteuerliche Geschehen kämpft, schwindelt oder schmarotzt.

Wer damals schon hellsichtig war, konnte in diesem Buch, das aus dem Stand zu einem Kassenschlager wurde, finstere Entwicklungen beschrieben finden, die direkt in den Nationalsozialismus führten. Das bleibt, um Thomas Mann noch einmal zu zitieren, »reizvoll«, ist allerdings nur eingeschränkt »belustigend«.

Das Buch *Wir sind Gefangene* war so brandaktuell, wurde so schnell so erfolgreich, dass es auf einer Liste künftig zu verbietender Bücher landen musste. Aber als die Nationalsozialisten nach ihrer Machtübernahme 1933 die großen Scheiterhaufen mit unliebsamen Büchern entzündet hatten, fehlten erstaunlicherweise die Werke von Oskar Maria Graf. Der Autor, der sich bereits ins Exil nach Wien geflüchtet hatte, schrieb dort einen wütenden Artikel, in dem er sein Recht einklagte, mit zu den »Verbrannten« zu gehören. Die Forderung wurde ein Jahr später erhört: Im Innenhof der Münchener Universität bauten die neuen Machthaber allein für die Bücher von Graf eine Feuerstätte.

Dass die Bücher Grafs nicht dem Autodafé 1933 zum Opfer fielen, lag wohl daran, dass der Schriftsteller für manche Nationalsozialisten zunächst eine Art ideologischer Hoffnungsträger gewesen war. Ein Schriftsteller, ein bayrischer Heimatdichter, der so prall über das Leben der Bauern schrieb, der hätte ja auch einer der ihren werden können, vielleicht gar ein Nachfolger von Ludwig Thoma, dessen ätzender Antisemitismus den Nazis noch wohlgefällig in den Ohren lag.

Aber Grafs ganzes Schreiben war, wie sein bayrischer Landsmann, der Schauspieler Josef Bierbichler, unlängst bemerkte, ein Kampf gegen die Lüge, um das Leben zu finden. Er hatte schon in den Tagen der Münchener Räterepublik gezeigt, dass seine Sympathien nicht bei den nassglattgescheitelten Vertretern deutscher Großmannssucht lagen. Wenn er Sozialist war, dann nicht in einem orthodoxen Sinn des Wortes. Ihm – wie dem verehrten Tolstoi – ging es um eine Religion ohne Kirche. Schon Grafs vehementer Pazifismus verbot ihm, den geläufigen Begriff »Parteisoldat« als etwas anderes denn als Schreckgespenst wahrzunehmen.

Was nun nichts daran änderte, dass seine politische Zuneigung dem linken Lager der Hitlergegner gehörte. 1934 nahm er daher in Moskau am 1. Kongress der Sowjetschriftsteller teil, jenem Kongress, auf dem das literarische Konzept des sozialistischen Realismus erarbeitet wurde. Heute weitgehend vergessen ist, dass auf dem Kongress am heftigsten darüber gestritten wurde, ob das Zahlen von Trinkgeldern mit einer neuen, sozialistischen Moral der Würde zu vereinbaren sei. Die deutsche Delegation beschloss, drei Rubel seien das Maximum an »Zustupf«, Oskar Maria Graf aber gab jedes Mal mindestens dreißig Rubel. Wer je als Liftboy gearbeitet hat, kennt die Bedeutung von Trinkgeldern und kann so auch sozialistischen Realismus einordnen.

Außerdem durfte Graf seine üppigen Tantiemen aus der UdSSR ohnehin nicht über die Grenzen bringen.

Ich habe zu Anfang des Kapitels davon gesprochen, dass sich die Lebensläufe des Dichters Oskar Maria Graf und seines Freundes Georg Schrimpf in merkwürdigen Parallelschwüngen vollzogen. Auch der Maler wurde von den Nazis zunächst hofiert. Hochrangige Parteifunktionäre priesen sich als Sammler seiner Werke, bis sie dann aber entdecken mussten, dass die Parteiführung anders befand und den Künstler als »entartet« einstufte – mit allen Konsequenzen, die dieses Urteil für ein Künstlerleben bedeutete.

Das war 1937. Graf lebte bereits seit vier Jahren im Exil, mittlerweile in New York, und schrieb an jener Geschichte, die eines seiner Meisterwerke wurde, der Chronik *Das Leben meiner Mutter*.

Diese ursprünglich wohl auf drei Teile angelegte Erzählung lesen wir noch heute als eine der ergreifendsten Schilderungen vom Wandel einer bäuerlichen Gemeinde in die Moderne. Graf gelingt es, das Schicksal, den Kummer, das karge Glück einer einzigen Person in das Leben einer Gemeinschaft einzubinden, ohne sich je eines Gerüstes von Kausalitäten zu bedienen. Die Welt da draußen, selbstverständlich, sie löst Bewegungen aus, die irgendwann auch einmal das Dorf und dann eben auch die Hauptperson, die Mutter, erreichen. Aber ungleich subtiler als andere »soziale Realisten« schenkt Graf seinen Figuren ihren eigenen Raum und ihre eigene Zeit – und integriert sie doch durch den genauen Blick auf Bräuche und das feine Ohr für Sprache in einen einzigartigen Kosmos.

Was übrigens nicht verhinderte, dass Leser auf dem ganzen Erdball, gut, sagen wir, überall, wo das Buch in einer Übersetzung zugänglich war, in der Graf'schen Mutter auch die eigene erkannten.

Als Oskar Maria Graf 1967 in New York starb, war *Das Leben meiner Mutter* wohl das bekannteste seiner Bücher. Im Nachkriegsdeutschland wurde Graf in den siebziger Jahren kurz und heftig wiederentdeckt, durch seine Lebensgeschichte leider eher als durch seine literarischen Werke. Dabei wäre er gerne so berühmt und populär wie Tolstoi gewesen. Graf, scherzte er einmal, das sei er ja bereits. Aber er wusste wohl auch, dass ihm seine Güter niemand rauben konnte: die Erinnerung an ein sehr kleines Dorf, sehr weit entfernt von New York – und die Kraft des Herzens, eben »das Krönende schlechthin«.

JAMES JOYCE (1882–1941)

Dubliner (1914) · Ulysses (1922)

Wer noch nie ein Buch von James Joyce gelesen hat,
ist unter manchen Gesichtspunkten zwar zu bedauern,
befindet sich aber in nicht ganz unfeiner literarischer
Gesellschaft. Auch Thomas Mann, das wissen wir aus
seiner Schrift über die Entstehung des *Doktor Faustus*,
hatte zwar einen sehr neugierigen Blick auf das Schaffen seines damals noch nicht ganz so berühmten Kollegen geworfen, doch dessen Werk nie angerührt. Aber
anders als unsresgleichen sagte er nicht einfach: »Ich
habe die Bücher von Joyce leider nie gelesen.« Nein,
Thomas Mann sagte so ehrlich wie naturgemäß: »Der
direkte Zugang zu der Sprachwelt des Iren ist mir verschlossen.« Ähnliches hatte übrigens auch die Ehefrau
dieses Iren schon vorgebracht.

Der Name des deutschen Nobelpreisträgers kommt
an dieser Stelle nicht leichtfertig ins Spiel: Die erzäh-
lende Literatur des 20. Jahrhunderts ist weitgehend
durch die konträren Maßstäbe geprägt worden, die diese beiden fast gleichaltrigen Autoren gesetzt haben.
Und so unterschiedlich wie die Formen ihrer Werke
erscheinen auch ihre Lebensläufe.

James Augustine Aloysius Joyce kam im Februar 1882
als ältestes von zehn Kindern eines schon damals nur
mittelmäßig erfolgreichen Steuereintreibers in Dublin

zur Welt. John Joyce, der Vater, war ein Hasardeur und Trinker, der Bankrott anmeldete, als James gerade elf Jahre alt geworden war. Das war auch deshalb ein Einschnitt, weil der Bub daraufhin von der Schule genommen werden musste und zu einer seiner Begabung entsprechenden Ausbildung erst wieder kam, als die Jesuiten sich seiner annahmen.

Diese Unterstützung erfolgte wohl in der Absicht, für die Kirche einen künftigen Geistlichen zu gewinnen, doch Joyce fühlte sich nicht berufen. Mit sechzehn nahm er Abschied von der Kirche – oder sie von ihm; der Schriftsteller ließ später beide Deutungen zu. Statt Theologie studierte er Sprachen: Italienisch, Französisch und Englisch. Er entdeckte seine Leidenschaft für literarische Zirkel und für das Theater, veröffentlichte in den entsprechenden Zeitschriften Artikel, die Aufsehen erregten oder abgelehnt wurden. Und er gewöhnte sich leider bald auch die lokalen Trinksitten an, die sich nur in Nuancen von denen seines Vaters unterschieden. Dabei stand doch, recht besehen, das Unkonventionelle auf dem Programm.

Unkonventionell wie die Liebschaft des jungen Joyce mit dem Stubenmädchen Nora Barnacle, einer nicht weniger jungen Schönheit aus dem westirischen Galway, Tochter eines Bäckers und einer Schneiderin. Nora war zwei Jahre jünger als Joyce, doch bereits mit dem ausgestattet, was man damals kenntnisreich raunend »eine Vergangenheit« nannte. Am 10. Juni 1904 begegneten die beiden einander, am 16. Juni wurden sie (vermutlich) ein Paar. Seither spielt jenes Datum, jener 16. Juni 1904, eine ganz besondere Rolle in der Weltliteratur. Denn an diesem Tag lässt Joyce seinen epochalen Roman *Ulysses* spielen.

Warum wissen wir das alles so genau? Nun, einmal sehr direkt, weil Joyce seine Lebensgefährtin – sie heirateten erst knapp drei Jahrzehnte später – im berühmtesten seiner Romane als Vorlage für die weibliche Hauptfigur Molly Bloom nahm. Und im letzten Kapitel von *Ulysses* führt diese Molly Bloom gänzlich ohne Punkt und Komma einen inneren Monolog, ein wildes, hin und her zuckendes Selbstgespräch, das als Meilenstein in die Literaturgeschichte eingegangen ist. Die Literaturwissenschaft redet hier von der Erzähltechnik des Bewusstseinsstroms: Der Leser wird in den Kopf der erzählenden Figur hineinversetzt, er verschmilzt gleichsam mit den Gedanken und Assoziationen der Molly Bloom, scheinbar ganz ohne Autor, der sich als regelnde Instanz einschaltet.

Noch einen Grund will ich hier nennen: James Joyce war ein fast besessener Verwerter von Details des täglichen Lebens – darin Thomas Mann übrigens nicht ganz unähnlich. Unzählig sind in seinen Büchern die offenen und die verdeckten Anspielungen auf das, was man als »reale Vorkommnisse« bezeichnen könnte. Verdeckt sind diese Vorkommnisse oft genug durch Wortspiele, witzige Verdrehungen, bisweilen auch Kalauer, die in der souveränen irischen Erzähltradition literarisch sehr viel höher geschätzt werden als, sagen wir, hierzulande, wo sie ja eher als derb gelten. Der nicht für seine Heiterkeit geschätzte *Duden* spricht beim Kalauer von »fadem Wortwitz«. Zu jenen »realen Vorkommnissen« zählten übrigens ebenso Leseerfahrungen – aus Klassikern wie aus Tageszeitungen –, die James Joyce an einem bestimmten Tag gemacht hatte oder an die er sich erinnert haben mochte. Kurz, für die Liebhaber des Nachträffelns, für Spürhunde, die an einem Roman auch beglückt, wenn sie herausfinden, dass nicht nur Molly einem realen Vorbild entsprungen ist, sondern dass etwa auch der auf Seite X erwähnte Zeitungshändler O'Muffin von einem Mann inspiriert wurde, dessen friesische Vorfahren Buchholz hießen, ist jedes Werk von Joyce eine verlockend verzweigte Goldgrube. Und fast alle Spuren führen nach Dublin, denn für Joyce war die irische Hauptstadt gleichzeitig das Universum und dessen Mikrokosmos. Hier wiederholte sich die Geschichte der Menschheit und ihrer Mythen.

Und deshalb treten wir jetzt einen Schritt näher an jenes Meisterwerk heran, das zwischen 1914 und 1921 entstand und zunächst nur in Teilen veröffentlicht wurde. Der Titel *Ulysses* spielt auf den griechischen Helden Odysseus an, greift somit auf jenen Stoff von Homer zurück, der die Heimkehr des tapferen Kriegers schildert, der bei Joyce nun Leopold Bloom heißt. Die treue Gattin des Odysseus, Penelope, ist folglich Molly Bloom, nur ist sie, wir haben es bereits angedeutet, anders als Penelope nicht treu; sie ist eine Frau nicht nur »mit Vergangenheit«, sie hat auch eine entsprechende

Gegenwart. Telemach, der Sohn des Paares, trägt in *Ulysses* den Namen Stephen Dedalus, ist nicht der Sohn der Blooms und wäre gerne Künstler – selbstverständlich, hier tritt James Joyce selbst ins Bild.

Es wird also ein klassischer Stoff aus Griechenland in das Dublin des Jahres 1904 transportiert. Nur spielt sich jene Heimkehr, die Odysseus viele Jahre beschäftigte, an einem einzigen Tag, eben jenem 16. Juni 1904, ab, einem Tag, an dem der Anzeigenvertreter Leopold Bloom nach seinem Frühstück sein Haus verlässt, in das er achtzehn Stunden, achtzehn, wenn man so will, *Kreuzwegstationen* später wieder zurückgelangt.

An diesem Tag geschieht nichts, was augenfällig aus der Routine eines Akquisiteurs von Zeitungsanzeigen herausfallen würde. Gut, Leopold Bloom muss an einem Begräbnis teilnehmen und wird später, wenn auch nur vom Wartezimmer aus, Zeuge der Geburt eines Kindes – so was passiert nicht jeden Tag. Er geht vermutlich auch nicht jeden Tag, wie am späten Abend dieses 16. Juni, in ein Bordell. Doch für den Leser entsteht nie der Eindruck des Sensationellen, jedenfalls nicht, wenn er dem Alltagsgeschehen aus der Sicht des Leopold Bloom folgt.

Dramatisch, höchst dramatisch geht es allerdings zu, wenn der Blick auf die seelische Verarbeitung des scheinbar Trivialen fällt. Bei Joyce wird so gut wie jede Regung der Seele zu einem kurzen Ausdruck, zu einer – in des Wortes wahrem Sinne – Reflexion. Reflexion bedeutet ja einmal physikalisch Zurückstrahlung,

Widerspiegelung, aber es bedeutet auch Nachdenken, Überlegung. Es geht also um das Spontane, Instinktive wie um den Verstand: Was löst der Eindruck einer rauen Stimme, eines geschürzten Rocks, einer Handvoll Geldscheine in der geschilderten Person aus, was das Schnarchen des Gatten, der Schrei einer Gebärenden, der Blick der Madonna oder die Feuchtigkeit nach der Selbstbefriedigung? Dem Autor ist nichts, ist alles heilig, sein theologischer Mentor ist schließlich Thomas von Aquin, seine literarischen Berater sind die aus dem Götterhimmel herabgezogenen Mythen unserer Zivilisation.

Aber es geht um diesen einzigen Tag im Leben von vornehmlich drei Menschen in einer für den Leser noch nachvollziehbaren Gegenwart. Zumindest aus Filmen ist sie uns auch optisch, wenn vielleicht auch nur in verzerrter Bewegung und schwachen Farben, noch präsent. Von mir aus betrachtet ist es die Jugendzeit meiner Großeltern, sie liegt gleichsam nur eine Umarmung entfernt.

James Joyce ist der Zauberer dieses Spiels mit der Zeit und der Geschichte. Betrachten wir jenes Kapitel im Roman – es spielt, bevor an diesem Tag die elfte Stunde schlägt –, in dem ein Kind auf die Welt kommt: Es ist zwar schon spät, doch wir befinden uns erst in der Mitte des Romans. Joyce nimmt die Szene des entstehenden Lebens und schildert anhand ihrer das Entstehen der Sprache. Das ist durchaus wortwörtlich zu verstehen: In diesem Kapitel entfaltet sich die englische

Sprache noch einmal, von ihrer archaischen angelsäch-
sischen Geburt bis zur Gossensprache jenes Dublin des
16. Juni 1904. Das Schreien des Säuglings verweist auf
den Ursprung des gesprochenen Wortes. Und weil Joyce auch mit dem Wortteufel einen Pakt geschlossen hat,
lesen wir diese Mitteilungen in der entsprechenden
früh-, spät-, nachmittelalterlichen Form.

Hat einer von Ihnen, liebe Leser, hier gerade »Angeber« gerufen? Klar, es gibt immer empfindliche Gemüter. Aber bedenken Sie bitte: Ein Angeber will sich
einen Vorteil verschaffen. Joyce aber verschaffte sich
durch seine erzählerische Radikalität, durch seine un-
bändige Wortanarchie, durch das Verspotten gerade
jener, die eben mal verwegen genug waren, »Angeber«
zu rufen, keine Freunde. Er fand kein Publikum, das
ihn der Notwendigkeit enthob, seinen Lebensunterhalt
mit Sprachunterricht zu bestreiten. Natürlich hatte er
Freunde, die ihn auch materiell unterstützten, doch die
Bedeutung seiner Einzigartigkeit begriffen zu seinen
Lebzeiten nur ganz wenige Leser. Als er 1941 in Zürich
starb, lehnte es die damalige Regierung seines Landes
ab, ihn in die Heimat überführen zu lassen. Nicht aus
Kostengründen, nein, wegen, wie es hieß, fehlender
Bedeutung für das nationale Kulturerbe. Heute ist das
ganz anders, Joyce thront – und trinkt vermutlich – auf
dem Olymp.

Wenn man sich unter Literaturfreunden bewegt, tut
man gut daran, zumindest jene frühe Sammlung von
begeisternd präzisen und berührenden Kurzporträts aus

der Hand des Dichters gelesen zu haben, die den schlichten Titel *Dubliner* trägt. Und wenn dann das Gespräch auf jenes monumentale Hauptwerk kommt, auf *Ulysses*, dann empfehle ich, sich an einen Satz des wunderbaren Joyce-Übersetzers Fritz Senn zu halten, der einmal sagte: »Was alles wir über den *Ulysses* schon gehört haben, trifft meistens auch zu; aber noch viel mehr stimmt, was vielleicht noch nicht gesagt worden ist …« Wer das für eine Aufforderung zum Lesen, gar zum Wiederlesen hält, der hat recht. Und ich verspreche jedem dabei, nein, kein Vergnügen, vielmehr eine erfreuliche Bewegung der Seele.

WILLIAM FAULKNER (1897–1962)

Schall und Wahn (1929) · Licht im August (1932)

Also, die Geschichte geht so: William Faulkner, der
1950 den Nobelpreis für Literatur erhalten wird, landet
zehn Jahre zuvor in Hollywood, weil er vom Erlös seiner Bücher sein herrliches Anwesen Rowan Oak in
Oxford, Mississippi, nicht finanzieren kann. Der Regisseur Howard Hawks hat ihn nach Kalifornien ein-
geladen. Faulkner hat für Hawks als Drehbuchautor
bereits Stoffe von Raymond Chandler und Ernest
Hemingway bearbeitet. Hawks und Faulkner mögen
einander.

Seit der Erfindung des Tonfilms werden amerikanische und englische Schriftsteller von Hollywood ange-
zogen. Hier findet man viel Geld, leider auch wenig
Verständnis für Literatur. Die Schriftsteller werden in
ihren Studios gehalten wie austrainierte Legehennen.
Und wer nicht vorher schon getrunken hat, kommt
hier leicht auf den Geschmack. Schriftsteller unterlie-
gen übrigens der Anwesenheitspflicht.

Eines Tages meldet sich also Faulkner bei Hawks
und teilt ihm mit, ihm fiele gerade kein gescheiter Di-
alog ein, er müsse schnell nach Hause, vielleicht liefe es
da ja besser. »Klar«, sagt der gütige Howard Hawks, »geh
nach Hause, vielleicht brauchst du ja nur 'ne Runde
Schlaf.«

Es verstreichen mehrere Tage, an denen Faulkner nicht auf dem Gelände der 20th Century Fox gesehen wird. Schließlich ruft der besorgte Hawks im Hotel seines Freundes an. Der Portier teilt ihm mit, Mister Faulkner sei mit seinem Gepäck schon vor Tagen abgereist, »nach Hause«. Die Nachsendeadresse, die er dem Hotel hinterlassen habe, laute: Rowan Oak, Oxford, Mississippi. Vom kalifornischen Hollywood liegt dieser Ort gut dreitausend Kilometer weit entfernt.

Es gibt viele Schriftsteller, deren Werk nur schwer von einem bestimmten geographischen Ort zu trennen ist, bei William Faulkner können wir uns schon den Versuch getrost sparen. Fast alle seine Romane, seine Kurzgeschichten, auch seine Gedichte spielen »zu Hause«, und dieses »zu Hause« ist der amerikanische Süden, genauer: der Staat Mississippi, noch genauer: die Gegend um die kleine Universitätsstadt Oxford. Hier hatte sich die Familie Faulkner kurz vor Williams fünftem Geburtstag niedergelassen.

Dieses Oxford liegt im äußersten Westen des Bundesstaates Mississippi. Als Faulkner 1962 starb, erlangte die dortige Universität gerade weltweite Beachtung, weil hier zum ersten Mal in der Geschichte ein Schwarzer sein Recht auf einen Studienplatz erstritten hatte. Der Student musste die drei Jahre seines Studiums von der Bundespolizei vor seinen Kommilitonen und den Bewohnern der Stadt geschützt werden.

Das erzähle ich, um ein Licht auf diese Gegend zu werfen, auf das Lafayette County, dessen Kreisstadt eben jenes Oxford ist. Wobei wir unter »Stadt« eine Gemeinde verstehen wollen, die selten mehr als zehntausend Seelen zählt, zu Faulkners Zeiten gewiss weniger. Aber hier war der Süden der Vereinigten Staaten in seinen erfreulichen, seinen skurrilen und auch in seinen schrecklichen Zügen, gleichsam wie in Lehm gebacken, noch so anzutreffen, als hätte sich seit dem amerikanischen Bürgerkrieg nichts geändert. Faulkner gab seiner Heimat einen neuen, einen indianischen Namen; in seinen Büchern heißt Lafayette County sehr viel urtümlicher: Yoknapatawpha County. Es ist ein Name, der nicht ganz leicht über die Zunge geht, der aber mittlerweile weltweit ein Synonym für Faulkners Welt und deren Bewohner geworden ist. Aus dem lokalen Dialekt der Chickasaw-Indianer übersetzt, bedeutet Yoknapatawpha übrigens »das Wasser, das langsam durch die Tiefebene fließt« – daraus mag schlau werden, wer kann.

Der Roman, den wir uns zuerst anschauen wollen, heißt *The Sound and the Fury*, erschien 1929, die deutsche Übersetzung *Schall und Wahn* erst ein Vierteljahrhundert später. Der Titel spielt auf den berühmten Monolog des Macbeth an, der das Leben als eine Geschichte »voller Lärm und Tollheit« beschreibt, »eine Geschichte, die von einem Narren erzählt wird« (»full of sound and fury, told by an idiot«).

Dieses Zitat trifft auf den Roman im wortwörtlichen wie im übertragenen Sinne zu. Im ersten Teil von *Schall und Wahn* wird uns nämlich die Geschichte vom

Niedergang der stolzen Südstaatenfamilie Compson von einem geistig behinderten Sohn des Hauses erzählt, von Benjamin, der liebevoll oder verächtlich »Benjy« gerufen wird. Am Tage seiner Erzählung, es handelt sich um den 7. April 1928, einen Ostersamstag, ist Benjy bereits dreiunddreißig Jahre alt, aber vom Verstand eines sehr kleinen Kindes. Als er sich einmal einem Mädchen näherte, ließ ihn die Obrigkeit kastrieren.

Benjys einzige Freundin in der Familie ist seine um drei Jahre ältere Schwester Candace, genannt »Caddy«. Sie kann ihm jedoch nicht beistehen, denn schon in jungen Jahren hat sie sich, wie es damals vornehm scheinheilig hieß, der Sünde der Promiskuität hingegeben, vulgo: Sie ist die Mutter einer Tochter, mit deren Vater sie nicht verheiratet ist, der sich auch längst vom Acker gemacht hat.

Um dem ältesten Sohn der Familie, Quentin Compson, eine standesgemäße Ausbildung an der Harvard-Universität zu ermöglichen, muss der Familienvorstand der Compsons jeden Cent gleich mehrfach umdrehen. So kann der Haupternährer der Familie, der Sohn Jason, auch seinen bitter unstandesgemäßen Job als Verwalter in einem Großhandel für landwirtschaftlichen Bedarf nicht aufgeben. Die Familie ist so arm, dass er diesen Posten selbst dann nicht räumen kann, als sich der Bruder, angeekelt vom Scheitern all seiner akademischen, gesellschaftlichen und moralischen Ambitionen, von einer Brücke in den Tod gestürzt hat.

Leider hat Jason im Umgang mit Geschäftsbüchern auch gelernt, wie man fremdes Geld einsackt, ohne dabei von Skrupeln geplagt zu werden. Als Familienvorstand unterschlägt er seiner Schwester Caddy das Geld, das ihr die Mutter, die die Familie verlassen hat, regelmäßig schickt. Irgendwann entdeckt Caddy das Versteck, in dem Jason das Geld aufbewahrt, nimmt auch gleich noch dessen Ersparnisse und türmt mit einem attraktiven Jungen vom Rummelplatz.

Wenn man trotz des kleinbürgerlichen Zuschnitts der Compsons an die Tragödie der wohlhabenden Familien aus den Südstaaten im Bürgerkrieg von 1861 bis 1865 denkt, dann sollte man als Erstes Rhett Butler alias Clark Gable vergessen, dann Scarlett O'Hara oder Vivien Leigh und getrost das ganze Personal, das einem aus dem Roman oder dem Film *Vom Winde verweht* noch im Gedächtnis sein mag. Denn Faulkners Roman beschreibt den Niedergang jenes Südens der USA auf seiner am wenigsten glanzvollen Stufe. Die materiellen Güter sind längst perdu, doch ebenso sind die kulturellen, zivilisatorischen, im besten Sinne auch aristokratischen Werte verloren, die einst den Stolz der Südstaatler zumindest nach ihrem eigenen Selbstverständnis begründeten. Geblieben sind Verschlagenheit, Rassismus und ein reichlich ungut mit Doppelmoral angedüngter Zynismus.

Man sollte Faulkners *Schall und Wahn* – es war übrigens sein vierter und von Kritik und Publikum anfangs wenig geliebter Roman – aber schon deswegen nicht in einen literarischen Schuber mit Margaret Mitchells *Vom Winde verweht* stellen, weil sich dieser wunderlich verschrobene, altmodisch komplexbeladene William Faulkner mit seinen damals zweiundzwanzig Jahren in den Kopf gesetzt hatte, nicht einen rührenden Kassenschlager vorzulegen, sondern es allen Schriftstellern seiner Zeit zu zeigen. Ihnen zu zeigen, dass Weltliteratur auch im äußersten Westen von Illinois oder in New Orleans, Louisiana, entstehen kann. Ihnen zu zeigen, wie man als Erzähler verfährt, wenn der eigene Kosmos so radikal in die Brüche geht, dass selbst der Dimension Zeit nicht mehr zu trauen ist.

Die Zeit. Wer diesen Begriff in die literarisch gebildete Runde wirft, der wird sofort *Auf der Suche nach der verlorenen Zeit* zu hören bekommen, den Titel des Monumentalwerks von Marcel Proust. Die Namen verschiedenster Autoren werden fallen, die sich seit und teilweise auch schon vor der Wende des 18. zum 19. Jahrhundert nicht damit abfinden wollten, jenen Begriff »Zeit« auf seine physikalischen Dimensionen zu beschränken, die ihnen von der Natur oder trivialerweise von der Betriebswirtschaft vorgegeben wurden. »James Joyce«, wird dann schnell einer ausrufen, »denken Sie an *Ulysses*, denken Sie daran, wie dort die gesamte Handlung in einen einzigen Tag gepresst wird.«

Aber: Dieser William Faulkner war ein tief in der Wolle gefärbter Gegner aller literarischen Theorien. Er hatte keinen Schulabschluss, war an die Universität nur gelangt, weil er sich 1918 für ein paar Monate als Kriegsfreiwilliger gemeldet hatte – ein Ausflug, von dem er mit gefälschten Rangabzeichen zurückkehrte. Er hatte das Studium nach drei Semestern wieder aufgegeben.

Schreiben bedeutete für ihn: sich an Stimmen und an Geschichten zu erinnern – und immer wieder aus Fehlern in der eigenen Darstellung zu lernen. Gewiss kannte er zumindest ein paar Kapitel des *Ulysses*, die erschienen ja in amerikanischen Zeitschriften. Aber sich mit Joyce auszutauschen, dazu war er zu scheu. In einem Pariser Kaffeehaus trafen die beiden einmal aufeinander, doch Faulkner traute sich nicht, den berühmten Kollegen anzusprechen.

Nein, Theorie war seine Sache nicht, und anders als die meisten seiner Kollegen machte er nie einen Hehl daraus, dass er die Schriftstellerei zum Gelderwerb betrieb. Anders gesagt: Faulkner schrieb das Wort Literatur nicht mit Goldbuchstaben, er war ein Praktiker, der erfolgreich sein musste, sein Lebensstil kostete schließlich viel Geld.

Einen Reichtum allerdings konnte ihm niemand nehmen, das waren die Geschichten seiner Heimat und seiner Familie. Hier hatte der Urgroßvater William Clark Faulkner Maßstäbe gesetzt, ein Haudegen, der sich durch den Sezessionskrieg gegen den Norden geschlagen hatte. Er war ein Eisenbahnpionier, Geschäftsmann, Autor des Bestsellers *Die weiße Rose von Memphis*, der auf einem Mississippi-Dampfer spielt, ein Mann schließlich, der sein Leben im Duell mit einem früheren Kompagnon verlor.

Klar, das ist genug Stoff gleich für mehrere Autoren, man muss ihn nur in eine Form bringen. Und exakt in diesem Vermögen liegt die ganz große Meisterschaft von William Faulkner, hier erscheint er uns bisweilen wie ein Vorläufer des magisch realistischen Erzählers Gabriel García Márquez. Man denke nur an Faulkners Roman *Licht im August*, an die Geschichte des erbarmungswürdigen Mörders Joe Christmas, der seinen Nachnamen erhielt, weil er zu Weihnachten als Findelkind vor der Tür eines Waisenhauses gefunden worden war. In diesem Roman, vielleicht dem berühmtesten des Autors – übrigens erst kürzlich hervorragend neu übersetzt –, finden sich die Motive der biblischen Geschichte, Verrat, Mitleid, Opfertod, so innig eingewoben in die überlieferten Erzählungen einer kleinen Gemeinde in den amerikanischen Südstaaten, dass man Jean-Paul Sartre verstehen kann, der bewundernd oder neidvoll schrieb: »Faulkner ist ein Gott!«

Wenn er das war, dann war er ein Gott, der viel, sehr viel Whiskey trank und der das Gebot »Du sollst nicht begehren deines Nachbarn Weib« nie so recht ernst nahm. Man hadert dennoch nicht mit ihm, weil er so unendlich viel geschaffen hat. Scheu, gerade kamerascheu blieb er übrigens bis kurz vor seinem Tod. Als ihn ein Filmteam für ein Interview aufsuchte, waren seine ersten Worte: »Meine Herren, selbstverständlich keine Bilder.« Die soll man sich von einem Gott ja ohnehin nicht machen.

Bei Faulkners Beerdigung, er starb im Juli 1962, verfügte die Familie daher ganz im Sinne des Autors: »Bis zum Begräbnis gehört er den Angehörigen, danach der ganzen Welt.« So ist das mit Göttern.

Personen- und Werkregister

Achmatowa, Anna 230
Acquaviva, Giulio 20
Adorno, Theodor W. 99
Aischylos 13f., 147, 153
  Die Perser (472 v.
    Chr.) 13
  Orestie (458 v. Chr.) 13
Almodóvar, Pedro 49
Andreas, Karl 39
Andreas-Salomé,
  Lou 39f.
Aristophanes 239
Aristoteles 138, 145
Arnim, Bettine von 163–
  171
  Goethes Briefwechsel mit
    einem Kinde
    (1835) 163, 168ff.

Balcombe, Florence 200
Balzac, Honoré de 81,
  229
  Die menschliche Komödie
    (1830–1847) 229

Barnacle, Nora 259
Baudelaire, Charles 202
  Die Blumen des Bösen
    (1857) 202
Beecher-Stowe, Har-
  riet 110
  Onkel Toms Hütte
    (1852) 110
Beethoven, Ludwig
  van 87
Béjart, Madeleine 66
Benjamin, Walter 250
Benn, Gottfried 172
Beresford, George
  Charles 46
Berg, Alban 43
Berkeley, Lord 58
Bierbichler, Josef 255
Bismarck, Otto von 124f.
Boétie, Étienne de la 218
Börne, Ludwig 170
Brecht, Bertolt 15, 213,
  251
Brod, Max 173f.

Brontë, Anne 29
Brontë, Branwell 29
Brontë, Charlotte 29,
 35
Brontë, Emily 27–35
 Sturmhöhe (1847) 27,
 30–34
Brontë, Mary 28
Brontë, Patrick 28
Buff, Charlotte 158
Buñuel, Luis 32

Camus, Albert 241–248
 Die Pest (1947) 241ff.,
 246f.
Carroll, Lewis
 Alice im Wunderland
 (1865) 176
Castro, Fidel 194
Cervantes, Miguel
 de 19–26
 *Don Quijote von der
 Mancha* (1605/15) 17,
 19–26
Cézanne, Paul 41, 87
Chandler, Raymond 17,
 266
Chaplin, Charlie 177
Claudel, Paul 103

Comte, Auguste 178
Coward, Noel 50

Dante Alighieri 17, 120,
 138–145, 229
 Die Göttliche Komödie
 (1307–1321, ersch.
 1472) 120, 138f.,
 142f., 229
de'Bardi, Simone 142
Defoe, Daniel 242ff., 246
 Robinson Crusoe
 (1719) 60, 242
 Ein Bericht vom Pestjahr
 (1722) 242
Degas, Edgar 86
Döblin, Alfred 172,
 250
Dostojewski, Fjodor 94,
 181–188
 Arme Leute (1846) 183f.
 Der Doppelgänger
 (1846) 184f.
 *Aufzeichnungen aus ei-
 nem Totenhaus*
 (1860) 186
 *Schuld und Sühne / Ver-
 brechen und Strafe*
 (1866) 181, 186f.

Douglas, Alfred 203

Dreyfus, Alfred 85f., 102

Eisler, Hanns 79

Eliot, T. S. 51

Euripides 147, 153

Faulkner, William 266–274

Schall und Wahn (1929) 268ff.

Licht im August (1932) 273

Faulkner, William Clark 272

Die weiße Rose von Memphis (1881) 272

Flaubert, Gustave 82, 95

Fontane, Emilie 123

Fontane, Theodor 121–129

Grete Minde (1880) 128

Unterm Birnbaum (1885) 128

Frau Jenny Treibel (1893) 126

Effi Briest (1894/1895) 126ff.

Die Poggenpuhls (1896) 126

Der Stechlin (1899) 126

Freud, Sigmund 38f., 51f., 73f., 150f., 182

Gable, Clark 270

Galilei, Galileo 66

Gallimard, Michel 245

García Márquez, Gabriel 273

Gassendi, Pierre 66

Giotto di Bondone 141

Goethe, Catharina Elisabeth (»Frau Aja«) 167, 169

Goethe, Christiane von 171

Goethe, Johann Wolfgang von 37, 53, 61, 63, 65, 154–162, 164–171, 207f., 249

Die Leiden des jungen Werther (1774) 154–159, 161

Hermann und Dorothea (1797) 159

Stella (1806) 61

Faust (1808) 176

West-östlicher Divan
(1819/1827) 161

Novelle (1828) 159–162

Dichtung und Wahrheit
(1811–1833) 166, 169

Gogol, Nikolai 113–120,
184f.

Hans Küchelgarten
(1829) 114

Die Nase (1836) 117,
185

Der Revisor (1836) 118f.

Die toten Seelen
(1842) 116, 118ff.

Goncourt, Edmond u.
Jules de 82

Gorki, Maxim 230,
251

Graf, Max 251

Graf, Oskar Maria 15,
214, 249–257

Wir sind Gefangene
(1927) 253f.

Das Leben meiner Mutter
(1940) 250, 256f.

Gräser, Karl u. Gus-
tav 252

Greene, Graham 189–
196

*Die Kraft und die Herr-
lichkeit* (1940) 192f.

Der dritte Mann
(1949) 190

Unser Mann in Havanna
(1958) 190, 194f.

Hawking, Stephen 100

Hawks, Howard 266f.

Hawthorne, Nathani-
el 110

*Der scharlachrote Buch-
stabe (1850)* 110

Heine, Heinrich 161, 164,
170

Hemingway, Ernest 266

Herder, Johann Gott-
fried 53, 61

Hesse, Hermann 172,
206, 213

Hitler, Adolf 214, 255

Hoffmann, E.T.A.
184

Hofmannsthal, Hugo
von 77

Jedermann (1911) 77

Homer 261

Iophon 152

Jesus Christus 249
Johnson, Esther 55
Joyce, James 47, 96, 172,
  258–265, 271f.
  Dubliner (1914) 265
  Ulysses (1922) 260–265,
  271f.
Joyce, John 259

Kafka, Franz 112, 172–
  180, 184f.
  Die Verwandlung
  (1915) 174f.
  Der Prozess (1925) 177
  Das Schloss (1926) 178f.
Kafka, Hermann 175
Kippenberg, Anton 36
Kleist, Heinrich von 64
Knipper, Olga 223
Konfuzius 162
Kraepelin, Emil 52
Kraus, Karl 76
Kundera, Milan 172

La Roche, Maximiliane
  von 166
La Roche, Sophie
  von 166
Lasker-Schüler, Else 15

Le Carré, John 196
Leigh, Vivien 270
Lenin, Wladimir I. 249
Lessing, Gotthold Eph-
  raim 57
Lincoln, Abraham 249
Ludwig II. (Bayern)
  249f.
Ludwig XIV. (Frank-
  reich) 57, 68
Lully, Jean-Baptiste 68

Mann, Heinrich 172f.,
  250f.
Mann, Katia 211
Mann, Thomas 15, 17, 94,
  114, 120, 125, 172f.,
  206–214, 249ff., 253f.,
  258, 260
  Buddenbrooks
  (1901) 208ff.
  *Betrachtungen eines Un-
  politischen*
  (1918) 211f., 214
  Der Zauberberg
  (1924) 173, 207, 210f.,
  213
  Lotte in Weimar
  (1939) 207

Joseph und seine Brüder
(1933–1943) 212
Doktor Faustus (1947)
207f., 212f., 258
Márai, Sándor 41
Markart, Hans 71
Marx, Karl 249
Masaryk, Tomáš 249f.
Maugham, Somerset
195
Melville, Herman 105–
112
Taipi (1846) 105
Moby Dick (1851) 15,
106, 108–111
Bartleby der Schreiber
(1853) 111f.
Metternich, Klemens
Wenzel von 160
Mitchell, Margaret 271
Vom Winde verweht
(1936) 270f.
Mnouchkine, Ariane 67
Molière 62–69
Der eingebildete Kranke
(1673) 68f.
Montaigne, Michel
de 215–222
Essais (1580) 216–221

Mozart, Wolfgang
Amadeus 87
Mussolini, Benito 240

Nabokov, Vladimir 120,
187
Napoleon 88, 161, 163
Nietzsche, Friedrich 39f.,
207f.

O'Toole, Peter 59
Orwell, George 179
Farm der Tiere
(1945) 179
1984 (1949) 179

Parker, Dorothy 205
Perikles 148
Pirandello, Luigi 232–
240
Mattia Pascal (1904) 235
*Sechs Personen suchen
einen Autor*
(1921) 237ff.
*Einer, keiner, hunderttau-
send* (1926) 235
Poquelin, Jean 64
Portinari, Bice 142
Portinari, Folco 142

Powell, Anthony 195

Proust, Marcel 17, 43, 94, 96–104, 172, 271
  Auf der Suche nach der verlorenen Zeit (1913–1927) 96–99, 271

Puschkin, Alexander 117, 120

Pustkuchen, Johann Friedrich Wilhelm 170

Queensberry, Marquess of 203f.

Racine, Jean 68

Ray, Man 103

Renoir, Pierre-Auguste 86

Rilke, Rainer Maria 36–44
  Der Panther (1902) 41f.
  Die Weise von Liebe und Tod des Cornets Christoph Rilke (1906) 37
  Neue Gedichte (1907) 41
  Die Aufzeichnungen des Malte Laurids Brigge (1910) 37, 41f.

  Duineser Elegien (1923) 42
  Die Sonette an Orpheus (1923) 42

Rimbaud, Arthur 41

Rodin, Auguste 41

Roth, Joseph 41

Rousseau, Jean-Jacques 158
  Julie oder Die neue Heloïse (1761) 158

Sackville-West, Vita 51

Sartre, Jean-Paul 273

Schiller, Friedrich 16f., 118
  Wallenstein (1798/99) 16

Schlegel, August Wilhelm 25

Schnitzler, Arthur 70–78
  Sterben (1894) 73
  Leutnant Gustl (1900) 74f.
  Reigen (1900) 74, 76f.

Schönberg, Arnold 43

Schrecker, Franz 43

Schrimpf, Georg 252f., 256

Schröder, Wilhelm 14
Senn, Fritz 265
Shakespeare, William 53,
  109, 163, 239
Sokrates 220
Sophokles 146–153
  Antigone (442 v.
    Chr.) 146–152
  König Ödipus (429–425
    v. Chr.) 153
Stanislawski, Konstan-
  tin 227
Stoker, Bram 200
  Dracula (1897) 200
Strauss, Richard 199
Swift, Jonathan 53–61
  Ein Tönnenmärchen
    (1704) 56
  Gullivers Reisen
    (1726) 59f.
  *Ein bescheidener Vorschlag,
    wie man die Kinder der
    Armen hindern kann,
    ihren Eltern oder dem
    Lande zur Last zu
    liegen, und wie sie viel-
    mehr eine Wohltat für
    die Öffentlichkeit wer-
    den könnten* (1729) 58

Taine, Hippolyte 81
Temple, William 54–57
Thoma, Ludwig 255
Thomas von Aquin 263
Tieck, Ludwig 25
Tolstaja, Sofja Andrejew-
  na 93
Tolstoi, Lew 40, 88–95,
  249, 255, 257
  Kindheit und Jugend
    (1852) 91f.
  Krieg und Frieden (1868–
    1869) 88, 90, 92f., 95
  Anna Karenina
    (1877) 15, 92ff.
Trakl, Georg 172
Truffaut, François 189f.
Tschechow, Anton 223–
  231
  *Der unnütze Mensch
    Platonow* (1878) 225
  *Über die Schädlichkeit des
    Tabaks* (1886) 224
  Iwanow (1887) 224
  Der Bär (1888) 224
  Der Heiratsantrag
    (1888) 224
  Die Möwe (1895) 224–
    228

Onkel Wanja
 (1896) 225, 228
Drei Schwestern
 (1901) 225, 228
Der Kirschgarten
 (1903) 225, 228
Turgenjew, Iwan 95, 185

Vergil 143, 220
Verlaine, Paul 41

Wagner, Richard 104,
 130, 136
Waugh, Auberon 194
Waugh, Evelyn 49f., 194f.
Weber, Max 178
Wesendonck, Mathilde
 104
Westhoff, Clara 40
Wilde, Oscar 49, 197–205
 *Das Bildnis des Dorian
  Gray* (1890) 200ff.
 Salomé (1891) 199
 Ernst sein ist alles
  (1895) 202f.
Wilhelm III. (Oranien)
 57

Wolfram von Eschen-
 bach 130–137
 Parzival (1200–
  1210) 130–137
Woolf, Leonard 51
Woolf, Virginia 45–52,
 94
 Mrs. Dalloway
  (1925) 47ff.
 *Die Fahrt zum Leucht-
  turm* (1927) 47
 Orlando (1928) 47
 *Ein Zimmer für sich al-
  lein* (1929) 45
Wyler, William 32

Zola, Émile 79–87, 102
 Therese Raquin
  (1867) 83
 Die Rougon-Macquart
  (1871-1893) 81f.,
  84
 Der Bauch von Paris
  (1873) 85
 Nana (1880) 85
 Germinal (1885) 85
 Das Geld (1891) 85

Terry Eagleton
Das Böse

ISBN 978-3-548-61096-2

Warum fasziniert uns das Böse und stößt uns zugleich ab? Werden wir böse geboren, oder macht uns erst die Gesellschaft zu Übeltätern? Gibt es so etwas wie Sünde? Bei seiner Suche nach Antworten zieht Terry Eagleton Augustinus und die Bibel ebenso heran wie Sigmund Freud, Hannah Arendt, Thomas Mann, William Shakespeare und die *Daily Mail*.

»Belesenheit und Sprachmächtigkeit machen Eagleton-Bücher zu einer erfrischenden Lektüre.«
Frankfurter Allgemeine Zeitung

»Streckenweise so komisch wie ein Monty-Python-Sketch« *Deutschlandradio Kultur*

List

www.list-taschenbuch.de

L466